新媒体传播及发展研究

俞慧亮 ◎著

中国商业出版社

图书在版编目（CIP）数据

新媒体传播及发展研究 / 俞慧亮著. -- 北京 : 中国商业出版社, 2024. 8. -- ISBN 978-7-5208-3116-1

Ⅰ. G206.2

中国国家版本馆CIP数据核字第2024N1U992号

责任编辑：郝永霞

策划编辑：佟　彤

中国商业出版社出版发行

（www.zgsycb.com　100053　北京广安门内报国寺1号）

总编室：010-63180647　编辑室：010-83118925

发行部：010-83120835/8286

新华书店经销

廊坊市源鹏印务有限公司印刷

787毫米×1092毫米　　16开　　12.75印张　　205千字

2024年8月第1版　2024年8月第1次印刷

定价：68.00元

（如有印装质量问题可更换）

前　言

新媒体传播及其发展研究在当今信息社会中扮演着至关重要的角色。随着互联网和移动技术的飞速发展，新媒体传播已经深刻改变了信息的生产、传播和消费方式，并成为现代社会信息传播的主要渠道。新媒体不仅包括传统的新闻网站和博客，还涵盖社交媒体、视频平台、播客、即时通信工具等多种形式。研究新媒体传播的发展，不仅有助于理解其对社会和文化的影响，还能够为相关政策的制定和媒体实践的改进提供理论支持和实践指导。

《新媒体传播及发展研究》一书全面探讨了新媒体的基础知识、技术、传播理论、伦理问题以及在广告、新闻、音乐和影视领域的传播与发展。本书首先介绍新媒体的基本概念和理念，然后深入分析新媒体技术的基础，其中包括大数据技术和人工智能等。在传播基础部分，书中讨论了新媒体用户特性和传播理论，并强调了新媒体传播的伦理问题。随后，书中分别针对新媒体广告、新闻、音乐和影视传播进行了详细分析，并探讨了它们在新媒体环境下的发展现状和未来趋势，特别是在融媒体时代下，这些传播形式如何融合创新，以及微视频等新形式如何推动传播方式的变革。

本书是一本集先进性、实用性和规范性于一体的专业书籍，可作为相关领域从业人员的阅读参考用书，希望能为新媒体传播及发展研究工作提供一些有益的借鉴。

在撰写本书过程中，我们得到了很多宝贵的建议，谨在此表示感谢。同时参阅了大量的相关著作和文献，在参考文献中未能一一列出，在此向相关著作和文献的作者表示诚挚的感谢和敬意。由于作者水平有限，编写时间仓促，书中难免会有疏漏不妥之处，恳请专家、同行不吝赐教。

目 录

第一章　新媒体基础知识

第一节　新媒体概述

一、媒体和新媒体

（一）媒体

媒体是一个外来词，源于英文单词"media/medium"，其原义可以解释为媒体，也可解释为媒介，在不少场合中有所混用。但这两者在汉语中的意思相去甚远，"媒体"是一种以传播信息为目的，以不同事物间产生联系为效果，借助种种技术手段和实现方法，具有一定的复杂内部结构的机构的具体表现形式。也就是说，媒体至少有两层概念：第一层是具体的表现形式，比如印刷出版的报纸；第二层是维持并保证这一形式运行的机构组织，比如报社机构。二者合一才能称为媒体。而"媒介"则是指第一层中的传播介质。

媒体是通过一定的载体或平台来承载相关信息，在限定的社会道德观念、所在国家的政策法规以及所在社会的经营需求下，以一定的内部体制来保证信息的不断传播、更新与影响的机构，是现代社会中的一个有机组成部分。一旦提及媒体，人们关注的是它的组织机构的属性，强调它作为一个组织、一个机构，在国家与社会中必须承担的义务与责任。

按照不同的标准，媒体便具有了各种不同的分类。

按照传播介质的不同，媒体可分为：基于无线电技术的广播式媒体，包括电台、电视台等；基于纸质印刷出版的平面媒体，包括报纸、杂志等；基于互联网传播的网络媒体，包括网站、手机报、手机应用客户端等。

按照出现时间的先后顺序，媒体可分为：旧式传播时期媒体，其中主要有各类公告告示和早期的报纸杂志；大众传播时期媒体，主要有现代报纸杂志、广播电台、电视台等；计算机网络时期媒体，这里除了我们熟知的互联网之外，还包括数字广播、数字电视、智能手机、无线终端等。

按照不同的表现形式，媒体又可以分为平面媒体、有声媒体、影音媒体以及多媒体。

（二）新媒体

新媒体，是依托新的技术支撑体系而出现的媒体形态。新媒体是利用数字技术，通过计算机网络、无线通信网、卫星等渠道，以及电脑、手机、数字电视机等终端，向用户提供信息和服务的传播形态。从空间上来看，"新媒体"特指当下与"传统媒体"相对应的，以数字压缩和无线网络技术为支撑，并利用其大容量、实时性和交互性，可以跨越地理界线最终得以实现全球化的媒体。

二、新媒体的本质

新媒体是以满足受众"需要"为根本目的，以应用最新技术为手段的现代化信息传播体系。它是媒体中的一员，得益于网络化、数字化的技术影响，是媒体发展的一种高级形式。同时，受众的需要又成为各种网络化、数字化技术突飞猛进的原动力，推动着新媒体的整体飞跃发展。

（一）"需要"是区别新旧媒体的最根本点

传统媒体一直发展的是媒体自身，这种发展存在着可见的尽头，也存在着明显的限制；而新媒体则把媒体与受众打通，使它们相互之间实现了融合，在有限的空间里打开了一片全新的天地。

新媒体所要考虑的问题不只是媒体自身需要什么、媒体的发展需要什么，它更多考虑的是受众需要什么，以及媒体为了满足这种需要必须做什么。由于受众的群体无限，受众的需求也可能无限，它带给了新媒体无限的发展潜力。更为确切的理解是：在传统媒体时代，媒体带动着受众前进，发展到什么阶段，受众就要接受什么样的状态，受众没有选择，更不会有什么要求。

（二）"需要"是现代营销的最核心价值体现

现代营销学首次摆正了企业与消费者之间的关系，鲜明地提出了"以消费者需求为中心""以市场为出发点"及"用户至上"的口号，认为实现组织各种目标的关键在于正确地确定目标市场的需求和欲望，并比竞争对手更有效、更有力地传送目标市场所期望得到满足的东西。可以看出，应需而生是其根本性的思想。

在新媒体发展阶段，媒体营销及营销媒体的理念也在形成。媒体就是一种产品、一种在市场上进行竞争与运营的产品，在经营和管理媒体的过程中，对于用户或受众需求的重视，对于市场需求的重视，成为新媒体发展的原动力，也成为新媒体被社会接受的根本性价值。可以说，新媒体是整个传媒产业中必须首先考虑用户需求，思考自己与用户之间的相互关系，并着重考虑用户的感受与需求的特殊产品。它最根本的目的就是希望将自己推销出去，推销到用户的面前，并且能够成为最成功的产品。

新媒体同时也是现代产业营销最关注的媒体领域，因为现代企业所希望对外传播的不只是自己的产品，更有自己的信息动态、发展方向以及企业理念。现代企业尤其重视对目标客户的抓取，而利用新媒体的人际关系网络能够获得来自客户的各种信息与反馈，并在这种传播中占据更为主动的地位。这已经不是传统媒体所能够提供得了的，只能依赖于新媒体的即时与互动特性。对于新媒体来说，企业同样也是用户，更是新媒体兑现"适应需要""满足需要"的一个努力方向，也只有新媒体才能如此深入地切入企业营销的过程中，从而实现与传播同步扩展影响的终极目的。

同样，在媒体范畴之内的广告业更是对这一规律颇有心得。看看四周我们就可以发现，但凡成功的广告作品，都必然定位准确。何谓"定位准确"？那就是在合适的阶段强化合适的目的。一个全新的产品或品牌刚刚投放市场时，是它的成长阶段，最合适的广告表现点就是对它的"告知"：用最简洁、最直观的介绍用语，介绍出自己最显著的特点。产品一旦成熟，必然会转向感知用户的需求、迎合用户的需要，从而创造出最能打动用户的宣传用语。

（三）"需要"是现代产业发展的重要转折点

人类社会在农业文明之后经历了蒸汽机发明、电力应用和原子能应用这三次工业化的大革命，能源与动力的飞跃升级直接带来生产力的大幅提升，从而引发了生产关系与上层建筑的显著变化。之后，计算机的发明、网络的诞生以及移动通信产业的覆盖引发了三次信息技术的大革命，这三次革命已经不只是表面可见的物质生产力的提升，更多的是意识形态上的飞跃。最终作用于所有现有生产力与生产关系的一次革命，主力军就是新媒体的产业化发展。它不再像传统媒体那样，做一个客观的观察者或报道者，或至多是评论者，而实质上成了现代社会所不可缺少的全面参与者。新媒体的信息传播过程，也是现代产业发展过程的一部分，更是现代产业快速增长变化不可或缺的重要内容。

而在产业发展中，为了追求局部经济效益的最大化，企业往往以牺牲个性需求为代价来换取满足大众需求所带来的批量化好处。这种现象在工业化大生产时代表现得尤为突出。但久而久之，便出现了过分关注企业利益而忽视用户利益、过分追求现有市场而忽视潜在市场及过分讲究保守策略而回避风险战略的重大弊端，并成为现代产业发展中的一大阻力点。

而新媒体却会充分考虑到用户需要，并围绕着受众需要，合理配置、有效整合自身资源，从而协助有需要的企业进行产品包装、宣传策划直至市场营销、网络布局、产品维护和品牌战略规划，为它们提供一条龙的产业链服务，使自身以及与之进行合作的企业获得双赢的效果。现代社会已经不再只是小农经济下非常简单的产业结构关系，各行各业之间的联系千丝万缕，相互之间的影响也难以估计。这些关系的理顺与影响，往往正是新媒体操作的擅长之处。

由于可以最大限度地挖掘到用户的需要，新媒体恰好可以帮助现代产业摆脱自身发展的瓶颈，并寻求新的发展。更为重要的是，借助新媒体独特的机制，企业可以更加敏锐地捕捉到用户的真实想法与真实需求，深层次地解决用户的潜在需求，从而开拓出更为广阔的市场空间，从根本上再一次解放生产力、提升生产力，这方面最突出的代表就是电子商务的发展。由于依托了新媒体技术的发展与支持，电子商务完全解放了人们对消费和商品需求的限制，它的发展并不是对传统商务市场的硬性切割，而是深度激发，从而引发整体市场的共同繁荣。

而且，新媒体本身的产业化发展趋势也越来越明显，这不仅符合新闻媒体发展的基本规律，更是市场经济条件下媒体生存和发展的必由之路，同时也是整个社会的经济形式与经济结构发展变化的必然过程。信息在产业经济中的地位得到了高度认可，其价值也不断提高，这也是最根本的受众需要和用户需要。因需要而生，为需要而发展，这就是新媒体的本质。

三、新媒体的学习技巧

由此可见，这是一门在已经成熟的"媒体"之上冠以一个"新"字而成的全新学科，又是一门引发当今社会传播与高新产业全新革命的学科。正如"新物理学""新政治学"一样，之所以没有给它起一个完全独立的学科名，既是基于"新媒体"与"媒体"之间斩不断、理不清的深厚联系，也是考虑到在它未来发展的过程中两者还会发生各种各样难以估计的相互渗透。

思维定式是心理学上的一个概念，是指人们在认识事物时，由常规心理活动所形成的某种思维准备状态，它能影响或限定今后同类思维活动的发展。由此可见，思维定式可能会有助于新问题的解决，当然也可能会妨碍新问题的解决。因此，在新媒体的学习过程中，首先，要善用思维定式，通过已形成的一种习惯、常识以及经验，来加深对于基础理论和基础知识的了解。其次，更为重要的是在了解的基础上，越过习惯、常识、经验中的不足甚至误区，真正地突破思维定式。这也是新媒体学习过程中需要反复尝试的一个重要方法。

关于"新媒体"，一般人的思维定式是：既然有新媒体，那么就一定会有旧媒体，新媒体的出现是为了替代旧媒体或革旧媒体的命。在这种思维定式的影响下，我们虽然可以迅速借助之前对于传统媒体的理解与基础知识，相应地对新媒体的基础理念有所了解与熟悉，但这也限制了我们的想象空间与突破性思维。

除了善于质问之外，还得善于反思，也就是改变传统的思考方向与角度，敢于打破常规、打破迷信。在传统媒体中，受众就是接收信息的人，这是习惯性的思维，但是，受众是否也可以成为传播者呢？受众是否也可以成为另一种形式的媒体呢？

再则是"说文解字"。中国的方块文字有着独特的魅力，通常它会尽可能地避免新造字词，巧用已有的字词对新生事物或新生概念进行拓展命名。这种利用与拓展实质上包含对新事物、新概念的智慧解读。想要了解新名词，就非常有必要对最初的字词的本义进行分解和再思考，以有利于深入理解概念。

更重要的是，许多新媒体的专有名词大多来源于外来词语的翻译，在翻译的过程中，有谐音、有意会，有借用、有新造，这些新专用名词的产生过程就包含了对它们的诠释与注解，而对字面意思以及词语形成过程的辨析，有助于我们更加深入、准确地理解这些概念的确切含义。

第二节　新媒体理念

一、新媒体的特性

新媒体的新，绝不是简单的、时间概念上的新，而是表现在观念新、技术新、手段新和效果新四个方面。

（一）观念新

观念是人们在实践中形成的各种认识的集合体，这种集合体很容易产生一种惯性，并形成人们平常所说的思维定式。观念新即要求打破思维定式，对传统传播观念进行根本性的突破与革新。

传统媒体在不断总结、进步的过程中日益成熟和完善，但仍缺乏创新与开拓，出现了发展僵化与死板的弊端。

新媒体完全从"用户的需要"出发，探索一切可能的尝试和突破。其实质就是对传统观念进行反思，并不断寻求新的答案。例如，报纸是否可以自我复制传播？广播是否可以观看？电视是否可以暂停倒放？看电视的观众是否可以直接与主持人对话？许多想法初听似乎有点匪夷所思，但认真研究并实施后就会看到，科技带来的奇迹往往就是这么简单。

（二）技术新

新观念的实现必须依靠新技术的应用。媒体对技术的依赖与生俱来：没有造纸术与印刷术的进步，就不会有报纸的今天；没有无线电技术的发展，广播便难以长葆青春；没有微波、卫星传播技术的成熟以及视频处理设备的日益精良，电视更无法成为时下的传媒之王。

技术的发展与期望是永无止境的，对现有条件的不满足，是人类不断追求技术进步的根源。互联网技术日新月异，如今已经毫不夸张地达到了"没有做不到，只有想不到"的地步。

（三）手段新

传统媒体在发展过程中的权威化和中心化，使得其传播效果、受众覆盖面以及传播强度相关，而在传播手段的应用上，只有版面、时段与频次这三个法宝，于是传统媒体逐渐失去了在手段上创新的想法与动力。

新媒体却没有先天的影响力，为了能够在现有媒体市场中分到份额，唯有在手段上进行创新与突破。如果说新的观念是动力，新的技术是基础，那么新的手段则是新媒体实践操作的根本。

互联网从一开始就努力提升用户或受众评论和留言的重要性，并辅以各种投票与民意调查，让受众参与进来，甚至让他们成为主角。新媒体中许多信息的提供不再过分依赖于记者与编辑的工作，而直接选用受众与用户的观点、想法及意见，让它们成为新闻与报道的主体。而随后在论坛BBS、博客以及微博这样以用户为核心的新应用中，其内容几乎全部来自用户，媒体已经退居为技术手段与平台，其通过话题、圈子以及标签（tag）来实现内容的聚合，从而呈现出一个完全不同的媒体形态。这些新手段的广泛使用，推动了新媒体的全新发展。

（四）效果新

效果是检验价值的最终标准。新媒体的首要效果就是成为信息的主要聚集地。相对于传统媒体而言，新媒体能够更快、更全、更丰富地提供各类新闻与资讯。

另外，立体化、组合化的新媒体传播提升了人们对信息的兴趣度与关注度。在新媒体时代，人们更加乐于关注新闻与时事，更加乐于接受大容量、高频率的信息轰炸，这与新媒体灵活、丰富的表现手段不无关系。从Web1.0时代的超链接开始，到Web2.0的标签，无论是网络编辑的主观汇总，还是基于网站程序的自动聚合，受众都可以非常方便地从一个信息关联到另一个信息，并沿着事物内在的种种规律进行各自不同的个性阅读。而且，新媒体正在不断地吸收、整合各种各样的表现形式与表现手段，不论是文字、图片，还是声音、视频，以及更加有趣的动画和特效，都可以在新媒体上得到完美的综合体现。在原先只是简单地表现文字图片的HTML（超级文本置标语言）基础上发展而来的HTML5，正成为实现上述目标的完美手段，从而带给新一代网民无比美妙的感受。最为重要的一点是，新媒体将人性化的要求摆到了前所未有的高度，这也是基于新媒体应受众需要而生的本质，媒体也就真正融入生活、融入受众中去了，传播的行为更加自然了，它所收到的效果更是传统媒体所无法比拟的。

信息在新媒体上传播的效果变得新奇而富有力量，受众乐于通过新媒体去感知信息，更愿意通过新媒体去分享信息。灵活多变的手法及丰富多彩的元素，正逐渐让新媒体成为最有影响力的媒体，也成为最有效的媒体。

二、新媒体的核心特征

新媒体不是某一种孤立的、静态的媒体表现形式，而是处于不断的变化与发展之中，它的核心特征突出地表现在及时与互动两个方面。

（一）及时

首先，新媒体的及时表现在新闻发布的及时上。新闻是一个通用的概念。新闻既可以发布于传统媒体中，也可以发布于新媒体中，新闻所追求的及时同样被新媒体所看重。而且，为了最大限度地表现出这种及时，新媒体正动用一切可能的技术创新，前所未有地加快着新闻传播的速度。像报纸的出版周期和电台电视的栏目时段，这些曾经非常难以突破的障碍，在新媒体中都不再存在，即时采访、即时传播，便能让网民及时看到。

其次，新媒体追求的及时，已经不只是发布的及时，而是在整个新闻发展过程中的动态及时。新闻所面对的社会现状复杂而多变，新闻所涉及的时事发展立体而动态。一个消息被报道出去以后，在长时间的跨度中，形势很有可能瞬息万变，媒体必须针对这种发展与变化不断地即时更新、即时发布与即时追踪。在这一点上，无论是插播广播电视快讯，还是发布号外，传统媒体有限的时段与有限的版面就显得有些力不从心。而新媒体则没有空间的束缚，更无版面的限制，可随时采用视频、动画等多媒体手段，不断深化主题，跟进报道。更为重要的是，新媒体的新闻报道还善于在事件的发展中不断挖掘其各种背景资料，不断深入丰富事件的报道内涵，这是另一种层面上的及时。

再次，传统媒体虽然也在不断加强及时性，但基本局限在报道重大事件上。而是否重大的标准往往掌握在少数人手中，缺乏足够的公开与公平，事件的重要与否常常也会因时而变。新媒体则完成了信息平等化的革命，其完成了从传播手段、传播理念以及传播方式上的革命，不论事件大小，都会有人关注、有人发表。只要有足够多的关注，有足够多的认可，传播自然就会开始，价值也随之产生。在这种机制下，无所不在的受众便成了新媒体无所不在的信息来源，而他们的关注又回过头来刺激了大量新鲜及时信息的全新发布。

最后，新媒体所追求的及时也远远突破了新闻的狭隘范畴，其包含了一切流动着的、传播着的信息、数据与概念，并全面地推广到生活、商务甚至金融、生产领域。通过网络游戏，人们可以与全球的网友在同一款游戏中协同作战、及时娱乐；通过即时通信软件，人们可以与地球任何一个角落的网友直接聊天、对话以及交换文件，并进行及时交流；通过网上银行系统，人们可以实现各种远程商务交易，跨地区、跨银行地支付货币，而且能毫无障碍地享受即时到账等服务；通过电子商务平台，人们可以更加自由地进行商务谈判、合同签订及发货派单。这种全方位、全时态的及时已经彻底地改变了现代人的生活方式。

（二）互动

新媒体提及的互动，当然不只是传统媒体时代简单的阅读反馈，或者说，阅读反馈只是互动概念的起点。针对反馈的反馈，以及这种相互反馈所形成的有机的、自发的、良性的循环，才是新媒体时代的真正互动。而这种互动，恰恰又构成了新媒体的第二大核心特征。

为何在传统媒体时代，反馈往往只能浅尝辄止，未能形成良性循环呢？这是由传统媒体与受众之间的强弱不平等地位决定的。传媒从业者一贯认为：从信息流动的角度来看，自己是布道者与发布者，处于信息的绝对控制地位，而受众只是简单的接收者，发布者收到接收者的反馈天经地义，而接收者期望得到发布者的反馈则是奢望。而且，传媒从业者向来被冠以"无冕之王"的头衔，只愿意接受与自己意愿相符的反馈，而不愿意接受不一致的观点，这严重削弱了他们自身对信息反馈的接收能力。

新媒体的互动不重形式，而重在内心。因此，一定要弥合传播者与受众之间的界限，弱化两者之间的区别，让媒体人真正做到与受众心灵平等，仔细考虑并归纳总结来自受众的意见与建议，然后通过技术手段认真接收并管理好来自受众的每一条反馈信息。把这种反馈看成受众与媒体之间最直接的信息交流，让反馈成为新媒体不可缺少的信息来源之一，让反馈推动事件信息进一步明晰化，并让反馈促成更进一步的信息整合。

三、新媒体与传统媒体的相互融合

（一）新媒体的传统化

新媒体的传统化是一个绕不开的阶段。作为媒体中的一员，无论它拥有如何高端的网络技术，无论它注入了多少新锐的运营理念，只要进入市场并面对受众，就必然会受到各种传播规律及社会环境的制约与影响。

为了保证各类信息的及时、快速采集，新媒体必须认真学习各种信息内容的采访编辑技巧；为了让网页内容编排既丰富多彩又重点突出，新媒体必须认真学习版面编排与设计规律；为了确立自身的权威性与公信力，新媒体必须认真学习如何处理与政府机构乃至企业的公共关系。

在新媒体机构中，依旧有着我们平常熟悉的新闻部、编辑部、专题部、技术部、行政部或类似的部门划分；新媒体在内容建设上依旧有编前策划、快速采访、后期编辑、专题深化等传统的模式；新媒体在推广方面依旧是口号、形象与活动这三板斧。但是，新媒体的生命力与优越性就表现在，它能在短短几年内迅速走过传统媒体曾经需要几十年甚至上百年才能走完的发展之路。这段路可以抄近路走，可以一路连跑带跳地快步走，但不管怎么说，绝对不能不走，这就是"新媒体的传统化阶段"。事实上，在超过百年的发展史中，为了适应最基本的信息传播规律，传统媒体积累了大量有益的经验与心得，其中的绝大多数并不是即将被淘汰与失效的东西，反而是新媒体在发展之初最宝贵的财富，也是新媒体可以借力飞跃的最佳跳板。

（二）传统媒体的新媒体化

新媒体并不是一个孤立的概念，也不是一个静态的发展状态。其既存在着基于互联网、移动通信等高新技术基础而生的技术派新媒体，也完全可能存在着创新理念并突破自身，从传统媒体中羽化成蝶的实力派新媒体。

传统媒体的新媒体化是媒体在发展过程中的自我需要。任何一个媒体在成熟阶段都面临着同样的困惑：如何在实现"让别人重视你"之后产生新的追求？如何解决"高处不胜寒"下的种种危机？面对充满活力的新媒体，"不耻下问"是一种良好的学习态度，"师夷长技以制夷"更是传统事物在面对新竞争者所带来的挑战时逆转局面的最好办法。

传统媒体的新媒体化更是媒体发展的必由之路。不进行新媒体化，传统媒体就有可能到此为止，至此而亡。只有进行新媒体化，传统媒体才有可能如凤凰涅槃一般，脱胎换骨、重获新生。

四、新媒体的社会化影响

新媒体正以其独特的信息传播方式，承担起大众媒体的职责，更为文化产品和内容的传播提供了新的空间与途径。人们学习与接收信息方式的改变，也带来了他们生活方式的改变。

越来越多的人开始接受、适应乃至迷恋网络化的虚拟社会化交往方式，他们不但通过手机、互联网等即时通信工具进行人际交往，还借助它们获取新闻信息，进行娱乐活动，更通过它们直接实现电子商务、电子银行等实实在在的生活应用。现实中原有的这些关系以及其中的平衡关系被打破，社会结构被重新分割，现实中社交与户外活动的减少，使得区域性的社会团体的影响力不断减弱，而基于互联网的虚拟联系则逐渐增强。在工作中，许多新兴的行业不再要求员工集中到公司或统一的场所办公，而是允许他们借助网络在家中完成工作，这一方式被称为 SOHO（Small Office Home Office）。SOHO 不仅以自由、浪漫的工作方式吸引了大量的年轻人，更以其开放、积极的心态，保证了从业者个人才华与能力的升华。而电子商务的普及，使开网店和网上购物成了新媒体时代最自然的生活方式。应有尽有的商品种类、送货上门的周到服务，更重要的是由于网络强大的搜索功能与比对功能，网上购物更是有着货比三家的省钱优势。电子政务的发展也使普通老百姓得到了接近政府工作、开始监督政府部门以及深入了解各级机构与官员的机会。

当然，最为重要的是，在新媒体环境下，受众得以更方便、更快捷地接收信息与知识，而且这些信息与知识的来源极其广泛与丰富。接收信息与知识的人群同时也以高度的热情直接参与到这场全民互动的信息知识共享浪潮之中，人人在接受影响，人人又在影响他人，这不可避免地会影响并改变现代社会的价值取向。

长期以来，人们有一种观念，认为新媒体的出现完全冲击并替代了传统的价值观念，这其实是一种误解。新媒体的平台本身是完全开放的，既对新观念开放，也对传统观念开放。它所改变的是只有一种声音的僵化局面，带来的却是一个承载着多元化价值取向的社会环境。人们对于美丑、真假、高低、善恶都开始有了完全不同的判断标准。其中，判断成功的标准，除了事业、财富与地位之外，更多地出现了对于自由、个性以及尊严等往常容易被忽视的内容的衡量。在新媒体时代，新潮、前卫的比基尼可以获得响亮的口哨、尖叫与追捧声，严谨、庄重的中山装也可以获得由衷的掌声和尊重，这就是新媒体所带来的多元化的社会价值取向。

　　相对于曾经主流的声音与倾向，更多的新声音与新倾向逐渐走上了社会舞台，并得到了一个"非主流"的新称呼。非主流，原本只是对"主流"一词的简单否定式前缀，专指一些未能被社会普通大众认同的小众文化价值观，但随着新生代青年对新媒体的追捧，其内涵逐渐扩充，盛行于国内的年轻人之中。

第二章　新媒体基础技术

第一节　新媒体主要技术

一、新媒体主要底层技术

（一）前端开发技术

前端开发是创建 Web 页面或 App 等前端界面呈现给用户的开发过程，具体是基于 HTML、JavaScript 及衍生发展出来的技术、框架和解决方案，来进行互联网产品的界面开发。

1.HTML 语言

HTML 语言是前端开发设计中网页实现的核心，是制作万维网页面的国际化标准语言，也是万维网浏览器使用的一种语言，它成了不同计算机之间进行信息交流的桥梁。因此，它是目前网络上应用最为广泛的语言，也是构成网页文档的主要语言。学好 HTML 语言是成为 Web 开发人员的基本条件。

HTML 是一种置标语言，能够实现 Web 页面并在浏览器中显示。HTML5 作为 HTML 的最新版本，开发并引入了多项新技术，极大地拓展了网络界面应用的支持能力，其功能不再仅仅局限于呈现网页内容。特别是 HTML5 中的几项新技术如微数据、Web 存储等都有重大突破，使得 Web 技术首次被业界认为能够接近于本地原生应用，其 Web 开发应用从而成为软件开发者的一个职业选择。

HTML5 技术的应用极大减轻了开发者的工作强度，可以做到一次开发就能在不同操作平台通过浏览器进行安全运行，显著降低了开发的成本，也是产业界普遍认为 HTML5 技术的主要优点之一。AppMobi、摩托罗拉、Sencha、Appcelerator 等公司均已推出了较为成熟的开发工具，来支持

HTML5 应用的发展。

2.CSS（Cascading Style Sheets）

CSS 可以帮助把网页外观做得更加美观。

3.JavaScript

学习 JavaScript 的基本语法，以及如何使用 JavaScript 编程将会提高开发人员的个人技能。

4. 操作系统

了解 Unix 和 Linux 的基本知识，对于开发人员有益无害。

5. 网络服务器

了解 Web 服务器，其中包括对 Apache 的基本配置、htaccess 配置技巧的掌握等。

（二）前端开发技术涉及网站的相关概念

1. 网站相关术语

（1）网站。网站（Website）或称万维网，是指在 Internet 上使用 Hy-per–Text Markup Language（HTML，即超文本标签语言或超文本链接标示语言）等工具所创建用于展示特定内容的，由相关网页、图片、动画、视频等多媒体构成的各种元素的集合。

（2）网页。网页（Webpage）则是构成网站的基本主体元素，是一个包含 HTML 标签的纯文本文件。

网站与网页之间的关系：网站通常是由相应逻辑关系的多个网页所组成的一个整体，其功能上是一个能够提供沟通交流的平台。

（3）域名。域名——网站的地址，按照一定的规则由一串用点分隔的字母组成的互联网上某一个网站的名称。一个标准的域名由网络名、域名主体和域名后缀三部分组成。

（4）网站空间。网站空间（Website Host）是存放网站内容的空间，这些内容可以是网页、文件、数据库、图片、动画、多媒体资源等。

网站空间也称为虚拟主机空间，对于大多数的中小企业或个人用户来说，所建设的网站因为成本一般都不会自己架设服务器，而是选择以虚拟主机空间作为放置网站内容的网站空间；对于大型企业用户来说，因为单独服务器安全性能更高，网站访问速度也快，所以他们通常会购买成本相对较高的单独服务器作为网站空间，而弃用了虚拟主机空间。

（5）DNS 域名系统。DNS（Domain Name System，域名系统）是互联网上作为域名和 IP 地址相互映射的一个分布式数据库，能够使用户更方便地访问互联网。通俗地讲，我们更习惯于记住一个网站的名字而不用去记住该网站能够被机器直接读取的 IP 地址，比如我们更容易记住 www.google.com，而不是记住它的 IP 地址（如 167.23.10.2）。而计算机却擅长记录网站的数字化形式的 IP 地址，而不是 www.google.com 等形式化的链接。

DNS（域名系统）在互联网中起着至关重要的作用，如果离开该系统，互联网将会崩溃。

2. 网站程序与数据库

（1）网站程序。其是指在创建与修改网站时所使用的编程语言。例如，在网页空白处单击鼠标右键从中选择"查看源文件"所出现的代码即网站程序。如果在网站建设过程中创建了数据库，那么网站就是动态网站，否则属于静态网站的类型。ASP 语言与 Access 数据库，ASP、Net 语言与 MSSQL 数据库，JSP 语言与 Oracle 数据库，JSP 语言与 DB2 数据库以及 PHP 语言与 MySQL 数据库是常用的网站编程语言与数据库的搭配常用组合。

（2）Web 服务器。网站有了空间、网站程序和数据库，基本就算完整了。但还需 Web 服务器使网站能够正常运行，向浏览器显示网页、存储网站内容、提供防火墙等，实质上 Web 服务器依然是复杂程序，需要相应的程序开发语言。例如，代表性的轻量级 Web 服务器和与其搭配使用的程序开发语言的搭配使用示例：IS 服务器与 ASP，Net 语言；Tomcat 服务器与 JSP 语言；Nginx 服务器与 PHP 语言。

二、HTML、XML、H5

（一）HTML

HTML（Hyper-Text Markup Language）网页就是超文本标签语言网页，页面内可以有图片、视频、音频、程序等非文字的元素。

1.HTML 网页结构

HTML 网页首先由 <html> 标签开始，再由 </html> 标签来结束。其具体承载内容由"头"（Head）和"主体"（Body）两部分构成。其中，"头"部由 <head> 标签开始，再由 </head> 标签结束，其间内容用于标识关于网页的信息；"主体"部分由 <body> 标签开始，再由 </body> 标签结束，其间内容用于标识网页的具体内容。

2.HTML 网页头部

在网页头部可以设置文档标题与书签、收藏的清单，其涉及标题 title 标签和元信息 meta 标签的应用。其中设置的标题标签用于定义网页的标题，其显示在网页窗口的标题栏中；而设置的 meta 标签可以被浏览器用作书签和收藏的清单。

另外，还可以在网页头部设置文档标题和其他在网页中不显示的信息，如页面语言、网页作者、关键词等信息设置。

3.HTML 网页主体

网页主体部分用于显示网站的具体内容，其包含的 HTML 标签也很多。

（二）XML

XML（EXtensible Markup Language）称为可扩展置标语言，是 W3C 万维网联盟（World Wide Web Consortium）的网络数据传输的推荐标准。在 Web 应用程序中，XML 与 HTML 有着不同的功能，XML 主要用于设计结构化、传输和存储数据，着重于数据内容的管理；HTML 用来显示数据，着重于数据的外观呈现。XML 和 HTML 都是从通用标识语言标准 SGML（Standard Generalized Markup Language）发展而来的，两者具有相似的语法，都是采用带括弧的标记符。

（三）HTML5（H5）

1.HTML5 介绍

H5 是 HTML5 的简称，它就是应用超文本标签语言（HTML）的第五次重大修改版本，其最大的优点之一是在移动设备上支持多媒体。随着微信和朋友圈的快速发展，H5 凭借无须下载、即点即用等诸多新特性一跃变成炙手可热的移动终端应用开发工具。

2.HTML5 新特性图

（1）语义特性

HTML5 定义了丰富的标签，且内容标签互相独立，级别不同，便于搜索引擎以及用相应的软件工具快速识别相应内容并进行后续的数据处理。

（2）本地存储特性

HTML5 提供了网页存储的 API，具体包括应用程序缓存、本地存储、索引数据库和文件接口四个部分，使 Web 网页启动运行具有安全性好、效率更高的特点。

（3）网页多媒体特性

HTML5 支持网页端 Audio、Video 多媒体处理，在代码中即可直接操作原声音视频数据，并对其进行任意加工处理。

（4）三维、图形及特效特性

HTML5 提供 SVG（可缩放矢量图形）、Canvas、WebGL 和 CSS33D 功能。SVG 可被多种工具读取和修改，压缩性强，可与 Java 一起运行；canvas 具有多种绘制路径、矩形、圆形、字符及添加图像的方法，可使用 JavaScript 在网页上动态绘制图像。WebGL（Web Graphics Library）是一种 3D 绘图标准，可以为 HTML5 Canvas 提供硬件 3D 加速渲染，开发人员可以驱动显卡在浏览器里流畅地展示 3D 场景和模型；CSS33D 允许相应元素以 3D 的形式进行显示。这些功能使所开发的网页程序在浏览器中展现出绚丽多彩的视觉效果。

（5）性能与集成特性

HTML5 支持网页后台任务 Web Workers 和 XMLHttpRequest 2。Web Workers 是运行在浏览器后台的 JavaScript，用户可在页面前台进行点击、选取内容等操作，而此时 Web Workers 在后台运行。MLHttpRequest 是一个浏览器接口，可使用 Javascript 进行上传文件、跨域请求、获取服务器端的二进制数据等 HTTP（S）通信功能，大幅提升了 HTML 的原有性能。

三、Android Studio、JavaScript 和 Java 技术

（一）Android Studio

Android 系统是目前智能手机系统的主流系统之一，是基于 Linux 平台的开源手机操作系统的名称，从 2007 年 11 月 5 日谷歌公司正式向外推出 Android 的操作系统，至今已经历了多个版本的更新，其与时俱进的持续升级维护特性广受生活在瞬息万变的信息技术时代的人们喜爱。中国习惯将之称为"安卓"。安卓系统不只是一款手机的操作系统，还被广泛地应用于平板电脑、可穿戴设备、智能电视、数码相机、车载设备等嵌入式设备上。

Android 系统如何驱动不同设备来展示它的卓越性能，这就必须依靠相应的开发软件 Android Studio。

开发软件 Android Studio 由 Google 公司为 Android 系统量身打造推出，其提供了一个集成的 Android 系统应用程序开发工具用于相关软件的开发与调试。Android Studio 成功解决了多分辨率、多语言等诸多移动终端程序开发与运行的问题，开发者可以在编写程序的同时预览在不同尺寸屏幕中的外观效果，是 App 的开发利器。

（二）JavaScript

JavaScript 是一种广泛应用于网页开发的编程语言，它不仅能够使网页实现动态交互效果，还可以与用户进行实时数据交换。在现代 Web 的开发中，JavaScript 的作用不可忽视，因为它不仅在前端开发中占据着重要地位，在后端开发中也有着广泛的应用。JavaScript 的灵活性和强大的功能使其成为开发者的首选语言之一。无论是简单的按钮点击事件，还是复杂的数据处理和呈现，JavaScript 都能胜任。此外，JavaScript 还支持异步编程，通过使用 Promise 和 async/await，可以有效地管理异步操作，避免回调地狱。近年来，随着 Node.js 的出现，JavaScript 在服务器端编程中也逐渐崭露头角，使得开发者可以使用同一种语言进行全栈开发，进一步提高了开发效率和项目的一致性。JavaScript 的生态系统也非常丰富，其拥有大量的库和框架，如 React、Vue、Angular 等，使得开发者能够快速构建复杂的 Web 应用。此外，JavaScript 还与其他前端技术，如 HTML 与 CSS 紧密结合，它们共同构成了 Web 开发的三大基石。通过 JavaScript，开发者可以操作 DOM，控制页面元素的显示与隐藏，并修改元素的属性和样式，从而实现复杂的用户交互效果。同时，JavaScript 还支持面向对象编程，开发者可以通过创建类和对象，更加结构化地管理代码。总之，JavaScript 作为一种高效、灵活且功能强大的编程语言，已成为现代 Web 开发中不可或缺的重要工具。

（三）Java 技术

Java 技术作为一种被广泛应用的编程语言和开发平台，具有高度的可移植性和跨平台特性，深受开发者青睐。Java 的设计目标是实现"一次编写，随处运行"，这种跨平台能力使得 Java 程序可以在不同操作系统上运行而无须修改代码。Java 技术不仅在企业级应用开发中占据重要地位，在移动应用、嵌入式系统、大数据处理等领域也有着广泛的应用。Java 语言的语法类似于 C++，但去除了指针等复杂特性，从而降低了程序员的学习难度和编写错误的概率。Java 平台包括 Java 开发工具包（JDK）和 Java 运行环境（JRE），JDK 提供了编写、编译和调试 Java 程序的工具，而 JRE 则包含 Java 虚拟机（JVM），负责将字节码解释执行为机器码。Java 技术还拥有丰富的标准库和开源框架，如 Spring、Hibernate 等，这极大地提高了开发效率和代码的可维护性。面向对象的编程理念贯穿 Java 语言设计，使得开发者可以通过类和对象进行模块化设计，提高了代码的易用性和可读性。此外，Java 还具有强大的内存管理和垃圾回收机制，有效地防止了内存泄露和其他内存管理问题。

随着云计算、大数据、人工智能等技术的迅猛发展，Java 技术也在不断演进，Java 8 引入的 Lambda 表达式和 Stream API 显著提高了并行编程和集合操作的效率。Java 的安全性也是其重要特性之一，内置的安全管理机制和加密库为开发者提供了坚实的安全保障。总之，Java 技术凭借着其强大的功能、丰富的生态系统和卓越的跨平台能力，成了现代软件开发不可或缺的重要工具。

四、网站与 App 开发技术

（一）网站开发技术框架

网站开发建设一般分为需求分析、界面设计、网页设计、功能开发、网站测试与网站上线运营六个步骤。

1. 需求分析

进行企业客户调研，分析明确所建网站的具体需求，具体包括功能模块的划分、每个功能模块所包含的网站框架、开发技术平台、网站优化策略、网站开发人员配置、网站建设成本等。

2. 界面设计

网站设计人员根据需求来确定网站的设计风格，由此使用相关设计软件进行网站的整体布局，色彩搭配，以及网站字体、图片、动画的设计美化与插入设置。

3. 网页制作

根据界面设计步骤所设计的效果图进行 HTML 网页制作，以此来实现静态网页的制作，其主要使用 Web 设计标准 Div+Css 进行网页布局。该技术使模板与代码分离开来，能够节省网站空间，使得网页的加载速度更快，更有利于搜索引擎的搜取。

4. 功能开发

功能开发具体包含根据功能需求来分析确定并设计数据库结构、明确平台软硬件的配置、搭建网站系统及开发网站功能（完成网站的前台页面及后台代码的编写）。最终将网页制作好的静态页面开发成能够读取数据库信息的动态页面。

5. 网站测试

进行排查测试，测试网站的各个功能是否完善，有无缺陷报错，同时还需考虑网站是否能够与主流浏览器兼容等相关问题。

6. 网站运营

网站测试完成之后可将网站放到一个域名空间上，使得网站能够正常访问并供企业客户进行试运行，而后根据企业客户使用意见进行进一步的修改和优化，最终完成网站的交付运营。

（二）App 开发技术框架

手机 App 开发主要分为用户需求分析、原型设计、UI 设计、数据库搭建、服务器程序开发、iOS/Android 系统客户端程序开发、App 程序测试与 App 产品发布八个步骤。

1. 用户需求分析

"以用户为中心"，进行企业客户调研来了解这个企业客户所针对的广大用户的切实需求并进行梳理、分类，然后整理出大致的 App 功能框架。

2. 原型设计

对用户需求进行深入分析、分类与排序，并借助产品原型设计软件进行草图绘制，展现出基本的功能结构，最后完成 App 的原型设计。

3.UI 设计

基于产品原型的草图设计，UI 设计师开始需要对 App 的各个功能界面进行详细设计，其中要求细化到对每一界面区域块的配色、菜单图标、页面字体、图形图像等元素的精心设计。设计师同时还要兼顾版面结构的设计、美化及风格的统一。

4.数据库的搭建

根据用户需求分析整理出来的功能数据处理情况，并建立合理的数据库表结构，优化数据处理算法，提高数据的处理效率，以保证 App 在使用过程中用户数据的安全性、准确性、稳定性和实时性。

5.服务器程序的开发

当前用户移动端存在设备硬件配置不高和存储容量不大的困境，因此 App 功能所涉及的核心数据处理过程均是由服务器端进行运算处理完成，这种方式也被称为云计算。服务器数据处理完成之后将运算结果信息反馈给客户端 App。

6.iOS/Android 系统客户端程序的开发

按照 AppUI 设计效果图，程序开发人员进行客户端的开发：Android 系统使用 Java、xml；iOS 系统使用 Objective-C 完成对设计效果图的代码实现，并写入功能调用的接口，连接服务器端，能够使客户端与服务器端的数据进行触发交互通信，从而实现与设计效果一致的 App 客户端。

7.App 程序测试

测试是导入测试数据，模拟用户在正常使用的情况下以及非正常使用的情况下，验证 App 程序有可能出现的问题。如果测试过程中出现异常错误，则需要修复或进一步开发；如果没有相关错误发生，则可通过测试进一步交付用户进行试用。

8.App 产品的发布

App 程序测试如果符合用户需求，则可交付企业，可由企业在相关网络平台进行产品发布供用户下载安装使用。

（三）虚拟现实（VR）与增强现实（AR）技术

1.VR/AR 技术简介

（1）VR 技术简介

虚拟现实（Virtual Reality，VR）技术是计算机领域的一类新技术，这类技术集合的多种科学技术主要有综合计算机图形技术、多媒体技术、传感器技术、人机交互技术、网络技术、立体显示等技术。

20 世纪六七十年代，虚拟现实技术一经问世便引起了人们的关注，并开始兴起。20 世纪 90 年代开始形成和发展，国内外专家认为，21 世纪是虚拟现实技术的时代，它广泛应用于医学、军事、建筑、设计、考古、艺术等领域，将给社会带来巨大的经济效益。

虚拟指的是这个环境是虚拟的，是通过人为制造的计算机模拟环境，用户可以"进入"这个虚拟环境中，以自然的方式和这个环境进行交互。所谓交互，即指在感知环境和干预环境中，可让用户产生置身于相应的真实环境中的虚幻感和沉浸感，即身临其境的感觉。

虚拟环境包括操作者、人机交互接口和计算机。虚拟现实意义下的人机交互接口至少有以下三种不同于以往的地方：

一是人机接口的内容。计算机提供的是虚拟环境，而不是数据和信息。

二是人机接口的形式。操作者可通过视觉、触觉感知、自然的动作与计算机进行交互，而不是通过显示器、键盘、鼠标与计算机发生交互。

三是人机接口的效果。最终目标是实现自然的人机交互，即实现一种逼真的视、听、触觉一体化的计算机生成环境。

多媒体技术是多种信息建立逻辑连接集成的一个交互式系统，来处理多种表示媒体如文本、图形、图像、视频和声音，使多种信息建立逻辑连接，从而集成一个交互式系统。

虚拟现实（Virtual Reality，VR）技术是利用计算机生成虚拟环境，逼真地模拟人在自然环境中的视觉、听觉、运动等行为的人机交互的新技术。它以计算机技术为核心，结合相关科学技术如计算机图形学、图像处理、多媒体技术、传感器技术、计算机仿真技术等，并利用计算机建立人工的媒体空间，既给用户虚拟的感觉，也使用户体验到真实。虚拟环境尽管是通过计算机生成的一种环境，但它同时包含了真实世界的模拟，也包含了想象出的世界。

虚拟现实技术涉及计算机图形学、图像处理和识别技术、计算机仿真技术、人机接口技术、实时分布处理技术、数据库技术、多媒体技术、多传感器技术等诸多现代科学技术领域。利用并集成高性能计算机软硬件（计算机虚拟仿真软件和数据库）及各类先进的传感器（输入、输出设备或人机接口）是搭建一个虚拟现实系统的基本手段和目标，这个系统的目的是使用户能够真切地感受到所处的环境，同时兼有人性化的交互能力以及能够启发想象的信息环境系统。

（2）AR 技术简介

增强现实（Augmented Reality，AR）技术是虚拟现实技术的延伸，也是在虚拟现实技术基础上发展起来的崭新的研究领域。它可利用计算机产生的辅助信息来对使用者看到的现实世界场景进行增强，它不会将使用者与周围环境隔开，它能够实现对现实物体信息的增强，因为它是通过计算机生成的虚拟物体与场景叠加在真实场景中，最终使用者看到的是虚拟物体等附加信息和真实世界的共存。它可以让使用者在真实环境背景中看到虚拟物体模型对象等辅助信息，而且这些虚拟生成的模型对象等辅助信息可以快速生成和交互操作。

（3）VR/AR 技术之间的联系与区别

增强现实和虚拟现实的联系紧密，增强现实是由虚拟现实发展到一定阶段的产物，二者的相关性有三个方面：①都由高性能硬件设备计算生成相应的虚拟辅助信息；②将高性能硬件设备产生的虚拟辅助信息通过头盔或类似显示设备呈现在使用者眼前；③用户可通过相应的输入、输出设备与高性能硬件设备产生的虚拟辅助信息进行实时交互。

增强现实与虚拟现实也有区别，其主要差异体现在四个方面：①两者对于沉浸感的要求不同。虚拟现实系统要求用户沉浸感较强，强调将用户的视觉、听觉、触觉等感官与现实世界相隔离而沉浸在一个由高性能硬件所生成的虚拟空间中；与之相反，增强现实系统强调高性能计算设备产生的虚拟物体等辅助信息与真实环境融为一体，以增强用户对真实环境的认识与操作体验。②两者关于"注册"（Registration）的含义和精度要求不同。在虚拟现实系统中，"注册"是指呈现给用户的虚拟环境应与用户的各种感官相匹配，并符合正常的视觉、听觉等感官认知关系。例如，当用户按下一扇虚拟房屋大门的门铃，清脆的门铃声应该响起，房门打开，用户所看到的场景就应该同步地更新为屋子里面的场景，同时能显示房屋主人的笑脸相迎。而在增强现实系统中，"注册"主要是指将高性能硬件设备产生的虚拟物体与用户所处的真实环境全方位地配准，同时严格要求系统支持用户在真实环境的运动过程中同样维持着这种高精度的配准关系。③两者对硬件系统计算能力的要求不同。虚拟现实系统一般要求绘制的虚拟场景要逼真和实时响应，这涉及建模、光照、绘制等过程中需要耗费硬件设备大量的计算能力。而增强现实技术则是在充分利用现实场景中存在的大量信息的基础上加以扩充并生成虚拟辅助信息，对硬件设备计算能力的要求有较大程度地降低。④两者应用侧重不同。虚拟现实技术主要应用于影视娱乐消费产业；而增强现实所需硬件设备的价格较为便宜，应用方式灵活，产业扩展性和适应性较强，侧重于精密仪器的制造和维修、远程机器人控制、辅助教学与培训等工业领域。

2.VR/AR 技术在新媒体中的应用

（1）VR 技术在新媒体中的应用

①图书版式、装帧设计。虚拟现实是一种完美境界，这种境界将所见即所得完美结合在一起。这种设想构成了不同于传统的设计模式，它是数字化模式下的所见即所得，大大提高了图书、期刊版式设计和装帧的质量与效率。

②影视、音乐制作。VR 作为理想的视听工具，主要的优势在于强悍的视觉冲击力、丰富的视听感觉和 3D 显示环境；VR 的沉浸感在影视、音乐制作等娱乐方面的要求不高，所以近年来 VR 在影视、音乐产业方面的需求旺盛且发展势头较好。

③游戏领域。VR 技术在娱乐游戏上具有十分广泛的应用。目前，基于虚拟现实技术的游戏主要分为驾驶型游戏、作战型游戏和智力型游戏三类。大多数游戏基于互联网，因而许多游戏玩家可以在同一个虚拟世界协同进行对战，也可以与计算机智能生成的对手对战，例如作战型游戏、VR 游戏、生化危机等。

④虚拟旅游。3D 虚拟旅游在旅游业中不仅可以为用户提供网上虚拟场景旅游，更重要的是它可以为旅游业提供全程策划的应用服务。它可提供旅游行业全程策划服务的一站式应用解决方案。其贯穿于旅游行业整个产业链，从市场调研、项目策划、规划、运营管理直至后期的营销，3D 旅游都可一展身手。

⑤军事与航空航天领域。在军事与航天航空领域中，模拟演练是最为关键的一环，但是这不仅耗费军力与物力，还浪费大量的时间。因此，VR 技术的出现与发展对于军事与航天航空事业具有重大的意义。例如，新型的飞机设计将 VR 与 CAD/CAM 相结合，其中一些飞行模拟器模拟更注重实战

场景，可以有效地利用头盔显示器进行真实的作战，与真实的战场作战如出一辙。在载人航天研究中，训练时航天员坐在一张带有传感器的椅子上设身处地地模仿"载人飞行器操作"功能。航天员坐的椅子并非一般的椅子，这把椅子上带有位移控制器，可以使航天员自由地在虚拟空间中做各种路径运动。椅子还带有姿态控制器，可用于绕着质心进行调节姿态的功能。航天员头戴立体头盔显示器，该显示器具备立体显示望远镜、航天飞机以及太空星球三维模型的功能；航天员想要与系统进行交互，只需利用数据手套便可完成该项操作。此外，通过建立虚拟的战场来评估和检验武器系统的性能使军事演习在概念和方法上有了质的提升。

⑥工业仿真。与工业设计有所区别，它的区别在于设计的思想和设计的手段。工业设计，想要提高企业的开发效率，与此同时想要提高数据的采集、分析、处理能力，极大减少决策失误能够有效降低企业风险，就必须将虚拟现实技术引入。现阶段很多国际上的大型企业将虚拟现实技术投入使用，并且广泛发展这类技术，如数字双胞胎虚拟仿真技术就是由西门子公司提出来并投入使用的。

⑦城市规划。未来的城市规划建筑或是建筑区可以使人们在一个虚拟的 3D 环境中有真实的体验，不仅是局部的，而且是全方位的审视到与建筑物的动态交互方式。其优点是直观高效，将会高效地应用到城市的规划设计和城市的规划审批。目前已经成为城市规划管理部门管理工作中一项重要的辅助技术手段。

（2）AR 技术在新媒体中的应用

①数字出版。增强现实技术注入传统纸质等印刷品产业，把 3D 模型与音视频承载到印刷品上可与读者进行互动，并产生相关 3D 内容跃然纸上的全新阅读体验；将传统读物与新媒体技术完美结合使传播效果上升到了一个更高的档次。

②设计与仿真。利用增强现实技术，并结合可穿戴硬件平台，可以以第一视角观看在实景中展示与环境相匹配的虚拟设计作品或仿真设备的外观，并通过自然方式与虚拟模型等辅助信息进行人机交互。该技术可使使用者在真实环境中看到虚拟设计 / 虚拟仿真产品的布置效果，并根据实地现场效果及时修改作品。它可在辅助工业设计、服装设计、装潢设计和建筑设计

领域得到广泛的应用。

③游戏娱乐领域。AR 游戏与传统的 2D、3D 游戏相比，增加了与现实场景相结合的虚拟景象的游戏内容。它可使游戏摆脱单一显示器的束缚，可将游戏界面叠映于现实场景的对象中，从而增强了游戏内容的可操作性和互动性。使用过程中用户通过眼睛关注或手指姿态的变化与触碰等简单的人体动作即可与游戏发生交互操作。由于操作设备简单，能够与相应真实场景相融合，AR 技术积极拓展了以往游戏的应用场景，具有更为广阔的市场前景。

④科教领域。科技展馆可利用增强现实技术所带来的自然交互体验以及虚实结合的场景展现能力，将增强现实技术用于科学模拟实验；结合物体识别技术进行游戏问答以及历史场景复原等方面的应用。以寓教于乐的方式来提升展项的真实感、娱乐性与互动体验。同时，增强现实技术也适用于课件或辅助教材的制作，是课程教学的一种新型教学手段。

⑤工业制造领域。工业制造与维修业是增强现实技术落地的第一个行业。通过头戴式显示器连接到需要施工的特定产品物体上，进而在显示器上呈现出物体的图像与其他辅助信息，以便于指导工人进行进一步的生产制造或维护。微软公司开发的 HOLOLENS 智能眼镜能将三维影像叠加在实场景上，具备很强的沉浸感，做到了真假、虚实结合。

⑥医疗诊断领域。医生利用增强现实技术，可以在患者进行手术的过程中看到注射到人体病变组织上的 MRI 和 CT 图像，同时图形绘制模块可以将虚拟的人体病变组织的 3D 动态实时地渲染展现在医生面前，便于手术精准、顺利地开展。此外，增强现实技术已经被应用在医疗教育培训、虚拟手术模拟、虚拟人体功能、虚拟人体解剖和远程手术等场景中并取得了良好的社会经济效益。

第二节　大数据技术

一、大数据的基本概念

在这个新时代中，大数据和我们的生活息息相关，很多企业已经运用了大数据技术，如淘宝、京东、苏宁易购等线上购物 App。随着科学技术的进步，数据统计和数据分析越来越精准，能对客户购买的习惯、爱好等进行分析并推荐产品，并进行个性化的页面展示，虽然每个人的客户端界面相同，但向用户推荐着其偏好的风格。综上所述，是大数据在营销方面的一场华丽的表演，新时代同时也是大数据的时代，在潜移默化中，我们的生活其实早就已经和大数据技术密不可分。

（一）什么是大数据

在如今信息高速发展的时代，数据作为信息的表现形式和载体，信息与数据既有联系，又有区别。数据是我们通过观察、实验和计算得到的结果，用来表示未经加工的客观事物的最初素材。但是，信息是对数据做出具体的解释，解释数据的内涵，并以更加具体的方式呈现给用户。

大数据的表现形式多种多样。不论是具有高度结构化的数据库和文本文件，还是非结构化的文本和图片，大数据都遍布我们生活的各个角落。大数据类型共有三种，分别为结构化数据、半结构化数据和非结构化数据。

1. 结构化数据

结构化数据是指关系模型数据，通常是指用关系型数据库存储数据。结构化数据以行的形式存储，每行数据代表着存储实体的信息，并且，存储在一行中的数据属性是一样的，结构化数据的存储以行为单位，一行数据表示一个实体的信息，每一行数据的属性是相同的，如关系型数据库、面向对象数据库中的数据等。

2. 半结构化数据

半结构化数据是指不符合关系型数据库特征或以其他数据表的形式关联起来的数据模型结构，但有基本固定结构的模式的数据，如日志文件、XML 文档、JSON 文档、E-mail 等。

3. 非结构化数据

非结构化数据就是没有统一规范的数据，其中包括所有格式的图片、文本文档、XML、HTML、图像和音频、视频信息等。我们把这类数据直接以整体进行存储，而且通常以二进制的方式存储。

自进入大数据时代以来，非结构化数据占数据总量的 90% 左右，这对数据的处理和分析既是挑战又是机遇。曾经管理传统数据库的关系型数据库管理系统（RDBMS），对于结构化数据的处理性能非常好，但是对于半结构化数据和非结构化数据，却心有余而力不足。

大数据从提出以来，被业界广泛关注，但是却没有一个被业界认可的统一定义。这是因为大数据的概念是相对的，没有人能对"大"做一个明确的定量描述，所以目前都是对大数据的定性描述。

首先，大数据的"大"，主要体现在数据体量的庞大，与传统数据相比较，二者的数据体量完全不能以统一的单位来衡量，传统数据以 MB 为处理单位，而大数据则以 GB、TB、PB 为处理单位；其次，大数据的数据类型多种多样，互联网用户在上网时所留下的数据都是大数据可以计算的内容；最后，数据的计算量庞大，与传统数据分析和计算方式不同，现在对于大数据的分析和计算，是需要云计算的，可想而知，其计算数量有多大。

（二）大数据产生的背景

自人类发展以来，数据量从未达到过如此大的地步。作为数据迅速发展的 21 世纪，智能手机和电子商务的快速发展，大大地拓展了互联网所涉及的范围，使得各种数据呈指数级增长。无论身处何处，随时随地都可以产生数据，不再受时间和地点的约束。各行各业每时每刻都会产生数据，如社交、电商、微博、传感器、车联网、GPS 和通信等。由于硬件成本的降低、网络带宽的提升、云计算的兴起、网络技术的发展、智能终端的普及，电子商务、社交网络、电子地图等的全面应用，以及物联网等因素，构成了大数据时代到来的必然性。

全球的数据总量为什么会迅速增长呢？一是因为产生数据的方式今时已不同往日。互联网发展以前，数据通常都是靠手动记载的，随着信息时代的到来，不再依靠手工，自动化程度也越来越高。而如今，信息获得的方式越来越便捷，人们对于数据的收集更加全面，不再只满足于部分信息，这就将我们身边的一切信息化。因为在某些方面，微小的信息丢失都会造成严重的错误，如从基因片段中判断可能存在的疾病，再细微的基因片段，都有可能产生错误的结论。目前，传感器可以达到这个目的，这使得传感器的使用暴增。二是人类的生活离不开数据。首先，自进入 Web 2.0 时代，我们既是信息的接收者也是产生者，每个人在获取信息的时候，也成了数据源，每个人都在用智能终端拍照、录像、发微博、发微信等；其次，科学研究进入了"数据科学"时代；最后，对于大数据的依赖也越来越强，需要依靠大数据实施工作。例如，地震部门探测地壳运动，运用大量传感器来采集地震波形数据；

高铁部门在铁轨周围安插了大量传感器，来探测铁轨周围的环境情况，以保证火车运行的安全。

（三）大数据的"5V"特征

对于蒸蒸日上的 IT 界，每个企业对于大数据都有着自己的理解。国际商业机器公司（IBM）提出了大数据的"5V"特点，即 Volume（容量大）、Variety（种类多）、Velocity（速度快）、Value（价值密度低）和 Veracity（准确性）。

Volume 是指数据量大，包括采集、存储和计算的量都非常大。大数据的起始计量单位至少是 P（1000 个 T）、E（100 万个 T）或 Z（10 亿个 T）。十几年前，很多数据由于技术条件的限制而无法得到很好的保存，大多数都是采用模拟信号来保存，在信号的采样和转换过程中，不可避免存在数据的遗漏与丢失。而如今，互联网的快速发展，可以将数据信号以最初的状态保存，数据得以完整保存才是最重要的。

Variety 是指种类和来源的多样化，包括结构化、半结构化和非结构化数据。从最初互联网的发展，又扩展到社交媒体、图片、视频等，展示了数据的多种多样，也对数据的处理能力提出了更高的要求。

Velocity 数据的增长速度快、处理速度也快、时效性要求高。目前，在实时和智能化方面对数据提出了新的要求，如智能手机语音查询功能、路线导航 App 查询路线、搜索引擎要求几分钟前的新闻能够被用户查询到、在朋友圈和微博等社交软件中的分享诸如此类互动，必将使得数据产生交换。这是大数据区别于传统大数据挖掘的显著特征。

Value 意味着要在海量且种类繁多的数据间发现其内在关联。随着互联网及物联网的广泛应用，作为信息接收者和传播者的个人，信息海量，但价值密度较低，如何结合业务逻辑并通过强大的机器算法来挖掘数据价值，是大数据时代最需要解决的问题。

Veracity 是真实性，即数据的准确性和可信赖度。大数据的内容是从真实生活中产生的，与生活息息相关，要保证数据的准确性和可信赖度。对于大数据的研究，就是从大量的数据中找到真实事件产生的原因及对未来的事件做预测。

（四）大数据的基本构成

大数据获取的范围非常广，科学研究和应用等都每时每刻在生成数据。大数据包括海量数据和复杂类型的数据，其中包括交易数据和交互数据集。海量交易数据是指企业自己内部经营所产生的交易信息，有结构化的联机交易数据和联机分析数据、通过关系数据库进行管理和访问的静态以及历史数据，这些数据可以告诉我们过去发生过什么。海量交互数据源于Facebook、Twitter、LinkedIn及其他来源的社交媒体数据，它包括呼叫详细记录CDR、设备和传感器信息、GPS和地理定位映射数据、通过管理文件传输 Manage File Transfer协议传送的海量图像文件、Web文本和点击流数据、科学信息、电子邮件等，这些数据又可以告诉我们未来将会发生什么。海量数据处理是指用于数据密集型处理的架构，例如，具有开放源码和在商品硬件群中运行的 Apache Hadoop。

二、大数据处理的关键技术

（一）大数据技术

大数据无所不在，包括金融、汽车、餐饮、电信、能源、体育和娱乐等在内的社会各行各业现在都已经融入了大数据的印迹。大数据技术被设计应用在可承受的成本范围内（Economically）的条件下，通过快速（Velocity）地采集、发现和分析，在具有大量化（Volumes）以及多类别（Variety）特点的数据中提取价值（Value），这将是IT领域新一代的架构与技术。

当人们谈及大数据时，通常并不是指数据本身，而是数据和大数据技术这两者的综合。大数据技术，在这里指的是与大数据的搜集、储存、分析和运用相关的技术，是一连串使用非传统的工具对海量的结构化数据、半结构化数据和非结构化数据进行处理，从而使人们能够从中获得分析和预测结果的一连串数据处理与剖析的技术。数据无所不在，互联网网站、网络社交平台、通信系统、自动化生产系统、办公系统、零售系统、监控摄像头、传感器等，时刻都在产生着数据，这些分散在各处的数据，需要通过相应的设备或软件进行采集。通过设备或软件采集到的数据一般无法直接用于接下来的数据分析过程，这是因为对于这些采集到的数据来说，数据丢失或者语义含混等一系列问题是无法避免的，所以必须采取相对应的措施来有效地解决这些问题，因而需要一个被称作"数据预处理"的过程，来把数据变成一个我们所需要的状态。数据经过预处理之后，会被存放到文件系统或者数据库系统中进行存储与管理，然后采用数据挖掘工具对数据进行处理和分析，最后通过使用可视化工具为我们呈现挖掘之后的结果。在数据预处理的过程中，还应注意隐私保护和数据安全问题。

（二）大数据的关键技术

在讨论大数据的关键技术时，需要了解海量数据的基本处理流程，主要包括数据收集、储存、分析和结果展现等重要环节。以下列举几项在大数据处理流程中的关键技术：

1. 大数据获取技术

对于大数据行业来说，数据的价值不言而喻，在这个信息指数式增长的年代，互联网上有海量的数据信息，对于中小型公司来说，能够充分通过爬虫抓取有价值的数据，是填补自身数据欠缺的最佳之选。关于大数据的获取技术主要介绍网络爬虫（Web Crawler）技术。

网络爬虫系统的功能是下载网页数据，为搜索引擎系统提供数据源。许多大型互联网的搜索引擎系统也被称为基于网络的数据收集搜索引擎系统，如谷歌和百度。从这里可以看出 Web 网络爬虫系统对于网络搜索引擎具有重要意义。网页中不仅具有可供浏览者阅读的图文信息，还具有许多超链接信息。Web 网络爬虫系统获取网络上其他网页的数据信息的方式，就是通过爬取网页上所含有的超链接信息。正是因为这种信息数据搜集过程像一个爬虫在一张网络上爬行，所以它被称为网络爬虫系统，在英文中称为 Spider 或者 Crawler。

网络爬虫的基本工作流程：①选择一些经过专门挑选的种子 URL；②将这些 URL 放入待抓取 URL 队列；③从待抓取 URL 队列中取出待抓取的 URL，解析 DNS，并且得到主机的 IP，并将 URL 对应的网页下载下来，然后存储进已下载网页库中，此外，将这些 URL 放进已抓取 URL 队列；④分析已抓取 URL 队列中的 URL，分析其中的其他 URL，并且将 URL 放入待抓取 URL 队列，从而进入下一个循环。

2. 大数据存储技术

数据仓库技术。数据仓库是一个面向主题的、集成的、时变的、非易失性的和有组织的数据集，其支持管理决策。数据仓库与操作数据库是有一些区别因素的。由于这两种系统所提供的功能在一定程度上大不相同，所以数据的类型是不相同的，因此对数据仓库与操作数据库的维护需要分开进行。

数据仓库一般采用三层体系结构。底层为数据仓库服务器，它一般为关系数据库系统；中间层为 OLAP 服务器；顶层是客户，具有查询和报表工具。OLAP（On-line Analytical Processing，联机分析处理）是面向分析的各种操作的集合，它的实现基于数据仓库的多维模型基础。

数据仓库包含加载和刷新仓库的后端工具和实用程序，这些包含数据提取、数据清理、数据变换、装入、刷新和仓库管理。

数据仓库源数据是定义仓库对象的数据。源数据提供了诸多细节，其中包括仓库结构、数据历史、汇总需要使用的算法、从源数据到仓库形式的映射、系统性能、商务术语和问题等。

数据立方体技术。数据立方体（Data Cube）是数据仓库中多维模型的核心。立方体本身只有三个维度，但是多维模型不仅限于三维模型，而且能够组合更多的维度。数据立方体的计算和探查在数据仓库的构建中扮演着至关重要的角色，并且对于多维空间的灵活挖掘是重要的。数据立方体由方体的格组成，每个方体都对应于给定多维数据在不同程度上的汇总。冰山立方体是一种数据立方体，它存储的立方体单元为其聚集值大于某最小支持度的阈值。对于数据立方体的外壳片段而言，只计算涉及少数维的某些方体。有一些有效的数据立方体计算方法主要有以下四种：①多路数组聚集（Multiway）计算方法，该方法是基于稀疏数组的、由下向上的、共享计算的物化整个数据立方体的过程；②BUC 计算方法，该方法在计算冰山立方体之前需先探查有效的由顶向下而得到次序和排序；③Star-Cubing，其使用星树结构，集成自顶向下和自底向上计算，来计算冰山立方体；④外壳片段立方体，通过仅预计算划分的立方体外壳片段，支持进行高维 OLAP。立方体空间中的多维数据挖掘是知识发现与多维数据立方体技术的集成，它有利于在大型结构化和半结构化的数据集中系统和聚焦地发现知识。

3. 数据质量清洗技术

数据清洗（ETL，E xtract-Transform-Load）用来描述将资料从来源端至目的端所经过的抽取（Extract）、转换（Transform）和装载（Load）过程。

数据抽取是一种从数据源抽取数据的技术实现，具体包含以下三种实现方式：①全量抽取。以数据迁移或者数据复制的形式来完成数据的抽取过程，它从数据库中原样抽取数据源中的表数据或视图数据，并转换成自己的ETL工具的兼容格式。②增量抽取。只抽取截至上次抽取时间节点后的数据库中的表新增或修改的数据。③数据转换。在现实技术的应用过程中，从数据源中所抽取的数据会因各种原因，如数据格式不一致、数据输入错误、数据缺失等，而使得被抽取的数据不能完全与目的库的要求一致，所以对从数据源中抽取出的数据进行数据转换和再加工是有必要的。

数据转换过程可以在ETL引擎中执行，也可以利用关系数据库的特性在数据抽取过程中同步进行。ETL引擎中通常以组件化的方式来实现数据的转换。常用的数据转换组件包含数据过滤、数据替换、字段映射、数据清洗、数据计算、数据验证、数据加解密、数据合并、数据拆分等。这些组件被包装成可扩展、可插拔的状态，而且根据需求可以实现组件的自由组装和数据共享。此外，部分ETL工具还能够提供脚本接口，为用户提供一种数据转换和加工行为的接口。

数据装载。ETL的最后步骤是将转换和加工后的数据装载到目的数据库中。装载数据所采用的技术方法由数据操作类型和数据体量来决定。当目的数据库是关系型数据库时，可以通过直接SQL语句进行插入、更新和删除等操作；而当采用批量装载方法时，也可以通过批量装载的方法。其中通过SQL语句进行操作使用得更加广泛，因为SQL语句进行了日志记录，并且是可恢复的，但是批量装载的方法更加易于使用，且当装入的数据体量较大时，速度更快，效率更高。

4. 数据挖掘技术

①聚类分析（Cluster Analysis）。聚类分析简称聚类（Clustering），又称为群分析，也叫无监督学习。顾名思义，这是把分类学的原理作为基础，将目标样本进行统计分析，再归类划分为不同簇（Cluster）的过程。经过算法分析后归类的簇中包含的数据是有一定的相似性的，并且不同的簇又有明显的区分特点。这些在一次聚类分析后不同的簇又统称作一个聚类，也就是说，在面对同一个数据样本时，采取不同的聚类方法来划分可以生成与之相对应的不同聚类。无监督学习指的是根据类别未知（没有被标记）的训练样本来解决模式识别中的各种问题，聚类分析是无监督学习的过程。利用这一

原理，聚类分析能充分利用人们已知的分类方法，在各种排列组合下再将数据信息进行重新组合分析，进而拓展出人们未察觉的数据规律，这大幅突破了经验对于人们思考的限制，来总结样本潜在的结构信息并充分利用。

随着聚类分析的开发和采用，在社会许多应用领域中都可捕捉到它的身影。在商用企业的应用下，可以根据客户的偏好风格和消费习惯进行分类，再把产品或者信息分类提供给对应客户，这极大提高了消费者的体验感和反馈的工作效率，也能增强客户的信任感，是长期保持联系的必要前提；在生命科学的研究领域中，聚类分析在采集的生物信息中，经过计算机的精确分析后，为研究者提供可靠的分类结果，这极大地减少了科学误差，有利于人类对客观世界的认识和了解；在自然科学的研究中，尤其是地理方面的归纳总结，长年的信息堆积得到了充分利用，把某些看起来没有关联的事件在某个条件下连接起来，揭开自然的神秘面纱；在维护社会秩序的侦查机构中，聚类分析法可根据人工输入的详细案例，把某些危险分子的特性分类，不但能把一些悬而未决的案件破除，而且能防患于未然，把危害社会的因子找出来加以干预，可谓便民便利；甚至在图像处理的应用中，聚类分析不仅可以分析具体人物身份、面貌的归纳，还可以在手写字符识别系统中发现簇或"子类"。此外，在海量信息的 Web 搜索中，给出关键词搜索后获得大量筛选后的对象，也就是具有一定相关性的网页，这是不够精简的信息，如果用聚类再次分组，最后就能以精简且易获取的方式给出反馈，加上目前开发出的把文档聚类成主题的技术精进了这种分类方法，其普遍应用带来的便利常让人眼前一亮。

众所周知的"物以类聚，人以群分"，在聚类算法中计算机也加入这一强大功能，其运行具体如下：首先，确定好聚类的中心点，即关键信息或者共有信息；其次，在某个确定的分类依据下采用相似性度量的方式，以聚类的中心作为代表来形成简单分类；最后，在聚类规则的分析中评估这种分类的合理度和可靠度，如果这个合理或者可靠度达不到要求，就会换一种分类方法再重复以上步骤，直到分类合理为止。

聚类分析作为一种独立的分析算法，不仅能归纳数据还可以用来观察数据的分布，也就是每个簇暂时未知的共同点，使达到基本条件后还能进一步集中分析已经分析过一次的簇。除此以外，聚类分析还可以作为辅助类的算法来做数据的预处理，诸如样本数据的特征化、属性子集的选择和分类，这些算法可以运用到归类过的簇上进行属性或特征的计算。作为不同于一般算法独树一帜的特点，聚类分析处理后的对象可以自行分组，而且结果是不相似的，没有过多的重复信息，因此数据对象的簇可以看作隐含的类。

②离群点检测。离群点是指在数据集合中，那些与均值（中心数据）有所偏离的数据，其存在也不是偶然事件，而是产生于完全不同的机制。在当今的数据挖掘研究中，常常把重点放在能适用于大部分数据的常规模式上，而离群点通常作为噪声而被忽视。虽然在许多的数据挖掘算法中都试图降低或消除离群点的影响，但是在一些应用领域中，发现离群点是许多工作的前提和基础，也为我们研究数据挖掘算法带来了新视角。

造成离群点有很多不确定的因素，例如，测量、输入错误或者系统运行错误，以及数据内在特性所决定和客观的异常行为。因为离群点产生机制是不确定的，在离群点挖掘算法不能够说明和解释自己检测出的"离群点"是否为实际的异常行为，这时只能依靠领域专家来分析和解释，对于异常数据该如何处理，也应取决于应用，并由领域专家来决策。而且离群点挖掘算法只能为用户提供可疑数据，以便用户在使用时引起特别的注意，这也还需要用户自己进一步确定是否为真正的异常。

离群点的类型：普遍来说，离群点可以分为全局离群点、情景（条件）离群点和集体离群点。

一是全局离群点。全局离群点是对于给定的数据集，某一个数据明显地偏离数据中其余的对象。全局离群点也常常被叫作点异常，是离群点中最简单的一种。对于大多数离群点的算法来说，首先都要找出全局离群点。

二是情景（条件）离群点。"今天气温35℃。这是一个异常吗？"这取决于时间和地点。如果是北京的冬天，则是一个离群点；若是北京的夏天，则是正常的。相对于全局离群点，情景离群点还取决于时间、地点等其他因素的影响。对于一个数据集来说，若某一个数据在一个特定情境下，它显著偏离其他数据，则该数据对象是情景离群点。情景离群点也叫作条件离群点，因为它是在一定条件下判断该对象是否为离群点。

三是集体离群点。顾名思义，全局离群点是某个点显著偏离其余数据，而集体离群点是很多数据构成一个子集，该子集显著偏离其余数据。重要的是，个体数据对象可能不是离群点。

离群点检测方法：基于统计的方法。基于统计的离群点检测是基于不同分布的离群点检测，用户拟合数据通常是使用分布得来的。该方法认为给定的数据集存在一定的分布或概率模型（如正态分布或泊松分布），若某个数据分布不一致（即分布不符合），则将该数据视为离群数据。在基于统计方法离群点的检测中，主要依赖于数据分布、参数分布（如均值或方差）和期望离群点的数目（置信度区间）。

在此方法中，离群点作为一个对象，对于数据的概率分布模型，离群点的概率极低，此概率分布模型由给定的数据集创建，对用户给定分布的参数做预估。例如，若假设数据是高斯分布的，那么计算数据的均值和标准差可以预估基本分布的均值和标准差，这样就可以估计对象在高斯分布下的概率了。

基于统计检测离群点既有它的优势也有它的缺陷。优势是，该方法具有科学依据，是基于标准的统计学技术（如分布参数的估计）之上，在数据量够大且知道概率分布的情况下，此方法是非常有效的。缺点是，该方法不适用多源数据技术，只是针对单个属性的。通常情况下，数据的分布是不清楚的，特别是高维数据，预估真实的分布比较困难。这类方法不适合混合类型的数据。

基于距离的方法。基于距离的离群点检测，顾名思义就是某个对象远离其他对象，该对象就是离群点。该方法只需确定数据集的有意义的邻近性度量比，秉承了基于分布的主要思想，并完善了其主要缺陷。

基于距离检测离群点有两种方式：一种方式是给定邻域半径，通过邻域内点的数量来判定是否为离群点，若某个点的邻域中的对象少于整个数据集的一定比例，那么该点为离群点，也就是将邻居较少的点视为基于距离的离群点；另一种方式是通过 k- 最近邻距离的大小来确定，通过 k- 最近邻的距离来判断一个对象是否远离大部分点，一个对象的离群程度由它的 k- 最近邻的距离给定。该方法判断离群点取决于 k 的取值，如果 k 太小（如 1），对于一些邻近的离群点可能导致较低的离群程度；如果 k 太大，则对象数少于 k 的数据集中所有的点都有可能是离群点。

基于距离检测离群点的方法比较简单，但 k 的取值对检测的结果影响较大，并且在数据量大的数据集上检测比较困难，这需要有关于离群因子阈值或数据集中离群的个数的先验知识。

基于密度的方法。若数据集具有多种分布或数据集由不同密度的子集混合而成时，基于距离的检测方法不再适用，判断数据是否离群还与邻域内点的密度状况相关。

基于聚类的方法。基于聚类的方法的特点：先对数据进行特殊的聚类算法而使得数据聚类，再检测离群点。该方法只需要多次扫描给定的数据集，算法效率高，且适用于规模大的数据集。

基于聚类的离群点检测方法主要分为静态数据离群点检测和动态数据离群点检测。静态数据离群点检测步骤为：首先对数据进行聚类；其次计算对象或簇的离群因子，离群因子大的对象或簇中对象为离群点。动态数据的离群点检测步骤为：首先是利用静态数据的离群检测方法来建立离群检测模型；其次是利用对象与已有模型间的相似程度来检测离群点。

③关联规则。关联分析在于发现大规模数据集背后有意义的联系，通常表现为关联规则或频繁项集。

关联分析的应用广泛，如分析购物数据、网页挖掘、生物信息学、医疗诊断等。

关联规则挖掘的特点是：找到频繁项集（满足最小支持度阈值或任务相关元组的百分比的集合），并且形成如 A → B 的强关联规则，接着进一步分析关联强度，然后进一步探索 A 和 B 之间具有统计相关性的相关规则。

关联规则挖掘算法基本上的策略是：将关联规则挖掘分成两个主要的子任务，即频繁项集产生和规则的产生，频繁项集是找到符合最小支持度阈值的项集，而规则发现是从频繁项集中提取高置信度的规则。

5. 数据搜索技术

（1）文本搜索技术

文本搜索技术是一个交叉学科领域，其中涉及信息的检索、数据的挖掘、机器学习的技术、深度学习的技术、统计学和计算语言学科等。数据挖掘的研究对象多数为结构化数据，如事务的、关系的和数据仓库的数据。现实中大部分数据如论文研究、时事新闻、书目、Web 页面等都储存于该类文本数据库中。储存在文本数据库中的数据如标题、作者、出版时间、出版方等，这类包含结构化字段的数据是半结构化数据，其中也具有大量形如摘要和内容等的非结构化数据，其大量信息都以科技报告、新闻稿件、E-mail 信息、博客和网页、社交软件的聊天记录等文本形式存储。因此，文本搜索技术的研究异常活跃，如视频可视化文本弹幕，可以深入挖掘这类文本数据，发现时下的亚文化的传播与发展；文本搜索的重要目标是从文本中导出高质量的信息。文本搜索通常需要对输入文本结构化（如分解伴随着一些导出的语言特征的添加和其他成分的删除，以及随后插入数据库中），接下来，要从结构化的数据中导出模式，并且做出评估和解释输出。

传统的自然语言理解主要以词、语法及语义信息为基础进行分析，是从较低的层次对文本进行理解，并根据词句中的词出现的次序来发掘有意义的信息。将单个文本（如仅包含简单句子的文本）以及文本集（多个文本组成）作为高层次分析的文本对象，面对单个句子的理解问题以现有的技术方法已经从大体上能够处理，但对于所有的语言现象仍难以覆盖。对于用自然语言描述的文本，用数据挖掘的方法对其加以分析和理解，这种方法被称为文本知识发现（Knowledge Discovery in Text）。

文本信息检索的主要研究对象为文本，这是一种信息检索技术。在技术社区中，文本信息检索与信息检索技术通常是相同的。作为计算机领域中的一个经典问题，文本的检索最为重要的是其用于搜索的基本框架模型，并对检索的质量有着直接影响。伴随着大数据爆炸式的增长，使相关领域的技术如数据挖掘、机器学习、计算架构技术等不断革新，文本检索模型的架构也在渐渐地产生变化，使检索模型的架构从原来针对多数群体的检索转变为更注重个人或小群体的检索。这对如何能更精确、快速地得到与用户真实需求相关的信息数据提出了极大的挑战。

（2）图像查询技术

基于文本的图像检索技术。基于文本的图像检索技术作为一种传统的检索方法，对其的研究最早起于 20 世纪 70 年代末。该研究试图将发展逐渐成熟的文本检索技术与图像检索相结合。在这种技术下，图像检索成为一种关键字搜索，是一种基于关键字的匹配搜索过程，它根据图像的文本注释执行基于关键字的图像检索。这种检索方式的基本步骤是为图像文件创建一个相应的关键字或描述字段，并利用自动索引或者人工标注等方法来处理图像的关键信息，如图像的名字、序列编号、细节描述、大小、图像源、创建者、图像创建的时间、保存位置等，同时提取图像的特征，并创建对应的图像的索引数据库，之后再根据全文数据库的管理使用全文数据库的检索方法。该方法的本质是将图像检索转化为与图像相对应的文本检索。

基于文本的图像检索遵循传统的文本检索技术，避免了分析图像可视化元素，但从图像名称、图像大小、压缩类型、作者、年代等方面对图像进行索引。这种技术通常以关键字的形式来查询图像，或者按照层次的目录浏览以查找特定类别下的图像。例如，以图像所在的页面、图像的文件名、图像周围的文本内容、图像的链接地址等为主题进行图像的分析，并按照这些文本解释的结果来推测图像的主要特征。

基于内容的图像检索技术：对于一个图像，它不但包含颜色、纹理、形状等特征，而且其细节和扩展意义可以反映图像的信息。所以，使用单个关键字或某些注释去诠释图像的基本信息是不够的。对于同一幅图像，由于个人理解上的差异性，不同的人就会产生许多不同的见解与对图像基本特征的描述。因此，在进行图像的检索时，单独地使用图像的文本特征信息就会产生很大的局限性，并且由于这种局限性的存在要对单独使用图像文本特征信息检索到的图像信息再检索 2 ~ 3 次，这样，就降低了检索的效率和准确度。

基于内容的图像检索技术有效地避免了上述问题。基于内容的图像检索技术的技术手段是根据一定的规则来提取图像特征（纹理、颜色、形状等）并生成图像散列。然后，利用图像之间的散列序列的比对来搜索相似的图像，可以利用计算机直接对比这种检索方法生成的编码信息，这不仅大大提高了检索速度，准确度也得到了充分的保障，使检索结果可以满足人们的检索要求。

基于内容的图像检索是基于图像、图像的内容语义和上下文关联，图像语义特征作为线索从图像数据库中检测出其他具有相似特征的图像。由于图像的大小一般大于纯文本信息，所以，基于内容的图像检索对检索速度和效率的要求更高。在实际环境中有许多基于内容的图像检索系统，如 IBM 开发的第一个商业 QBIC 系统、哥伦比亚大学开发的 Webseek 系统和麻省理工学院开发的 Photobook 系统。基于内容技术的网络图像检索首先需要从网络中剥离图像形成图像集，并对图像集中的每个对象进行基于内容的特征分析和相似性匹配。

在图像匹配和特征提取的过程中，提取图像的特征值，和特征值的匹配是必不可少的关键步骤。特别是在图像的尺度转换、光照、水印等噪声干扰中，提取图像的特征点变得尤为重要。为了提高图像匹配时的鲁棒性，通常要在提取图像的局部信息的特征点的同时，进行图像特征值的匹配工作。

为了保证两幅图像尽可能接近，在提取图像特征的过程中，首先要建立特征描述符，之后再分别提取目标图像的特征值，同时通过其他方法生成编码序列，最后再根据这两幅图像的描述符和编码序列进行比较和验证。特别是在图像局部信息的描述中，经常采用这种方法和手段能够提高匹配过程的鲁棒性。

（3）数据可视化技术

在数据快速增长的时代，如何从各种各样的数据集中直观地探索影响商务机会的因素，可视化无疑是最佳选择。通过研究发现，在许多人类的应用中，数据可视化是一个长期发展的过程。目前，数据可视化的发展呈现出多维数据复合显示的特点，且出现了大量的可视化工具，并且基于平台的可视化 3D 技术有了进一步的应用发展；对于一些特殊行业的监控中心或显示器来说，大屏幕显示系统已显示出了优越的视觉能力，并已成为现代各种行业中不可缺少的核心设备。

目前，数据可视化并没有一个确切稳定的概念或者明确的说明。在可视化技术发展之初，人们只是以点线或简单图形的方式来表现数据，这样可以减少人类大脑对数据的直接阅读，间接提升了人们对数据内涵的掌控能力。随着数据应用领域的拓宽和表现强度需求的加深，人们开始以视觉表现对人类自身影响进行成体系的研究，可视化开始以更为抽象或更为直观的形式表示数据内在的信息，使可视化的概念得以不断演变，并扩展其在社会各领域中的应用价值。

今天，在人类活动的许多领域中，大量的数据被收集和存储。人类社会正在高速向前发展，计算机可视化领域及其传统智能领域的发展使数据成为制约社会发展的重要因素。在未来，数据在人类社会活动中越发重要，数据可视化技术也会随着人们对数据应用的要求更加趋于成熟。

（三）大数据与云计算

云计算具有在互联网上为用户提供可伸缩，且兼具廉价特点的分布式计算能力，只要具备网络接入的基本条件，在客户端便能获取各种客观的资源信息。云计算在现代科技革命中是一项富有代表性的科技运用，该技术的内核是虚拟化功能，而分布式存储、分布式计算和多租户在技术比例中同样举足轻重，成本低廉，更为实用的是可以根据需求来扩展存储空间。云计算主要分为三大种类，即公有云、私有云和混合云，现有的服务模式包括IaaS（基础设施服务）、PaaS（平台即服务）和SaaS（软件即服务）。IaaS将计算资源和存储这样的基础设施作为服务租给用户，而PaaS把平台作为服务走向市场，SaaS则是把软件商业化租给企业等用户，多样化的服务模式使得云计算在短时间内得到了极大的推广。

云计算体系的载体是云计算数据中心，并在系统的各项功能运作发挥不可估量的重要作用。事实上，数据中心又是这个体系中的一整套复杂的设施，其主要的组成是宽带网络连接、环境控制设备、刀片服务器、监控设备及各种安全装置等，这些配置为该系统提供计算、存储、带宽等硬性条件。综上所述，硬件资源为各种平台和应用提供运行支撑环境，日臻完善的设备和技术起着共同协作的作用，又推动着云计算系统日新月异地发展。

云计算业务模式，也就是数据处理技术，是云计算的主要运行模式。一方面，数据是云计算的资产；另一方面，云为数据这一资产提供了足够的存储空间、大量的访问量和用来计算的数据。发展至今的云计算主要是信息的搜集存储和统计筛选，虽然市场上已经提供了云服务，也有运行云应用，但是美中不足的是灵活运用数据资产的能力不足，还有待进一步发展和突破。具体措施体现在找出有价值的资源信息，经过分析和计算后得出有预测性的结论，为此给广大用户提供可靠的决策服务，这是目前大数据的热点问题，也是云计算的一大目标。

第三节　人工智能与深度学习

一、人工智能技术简介

人工智能技术（AI技术）是一门高速发展中的多学科交互融合的前沿

技术科学。AI 技术通过控制科学、信息论和计算机科学等工程科学，以及神经生理学、心理学和语言学等多个学科互相渗透而发展起来。人工智能的最终目标是让机器能够独立思考，并达到人类的智力水平，从而完成许多人类难以完成的任务，人工智能的强大活力在于能以工程技术的形式在实际生活中得到应用。1956 年，在达特茅斯会议期间人工智能一词首次被提出。在过去 50 多年的时间里，AI 技术的发展面临着许多困难与挑战，但是进入 21 世纪后，随着数学理论的不断发展和计算机硬件性能的巨大提升，尤其是近十年来网络技术的飞速发展，使人工智能科学高速成长和壮大。随着第四次工业革命的到来，人工智能将成为其革命的主要推动力量，研究者坚信，人工智能的未来一片光明。

（一）人工智能研究的基本原则

第一，有限合理性原则。其指出，在超过人的思维能力的情况下，仍然要做好决策，而不是放弃对问题的思考，人将会在一定的约束条件（时间和记忆等）下进行机遇性搜索，以制定出较好的决策。这样的决策具有随机性，通常不是最优解，因为计算机的思维结构与人脑并不一致，因此约束条件可能也不一样。

第二，物理符号系统假说。1976 年，西蒙和纽威尔提出了物理符号系统假说，假说认为知识的基本元素是物理符号，人工智能的基础是知识，因此物理符号系统对于人工智能而言是充分必要条件。物理符号是指工程领域中零件或部件可用于识别的符号，而该系统就用于处理这些符号，其中包括对符号及其表达式的创造、编辑等。总的来说，对于各种专家系统开发工具所使用的均是物理符号系统。

第三，长期记忆。根据 AI 研究领域的心理学专家的研究表明，每个人对于自己的工作或研究方面的专业知识保存有 5 万～9 万个单元，且对于这些知识的记忆往往可以存在很长一段时间。20 世纪 50 年代，著名学者米勒的研究表明，人的短期记忆仅能存储 5～9 个单元。长期记忆针对的是人们专业的知识储备，而短期记忆则是对某个突发性事件的记忆。总的来说，长期记忆即专业的知识库，是人工智能的关键。

第四，搜索补偿知识的不足。当人们遇到一个从来没有发生过或解决过的问题时，通常会使用尝试—出错的方法，根据自己所掌握的专业知识对问题进行尝试性解决，在尝试—出错—尝试的循环中寻找出解决问题的最终方法。尝试—出错方法是人工智能遇到问题的基本求解方法。

第五，知识补偿搜索的不足。专家系统，以及更广义的基于知识的系统的开发应用表明了专业知识可以对人工智能寻求问题的解决方法的搜索过程进行指导，通过删除不合理的搜索分支，以减少问题求解的不确定因素，从而降低计算量。

（二）AI 研究存在的问题

1. 脆弱和不可靠性

基于知识的系统的数据库所包含的知识往往来自特定领域的专家和专业书籍，虽然是领域的专业知识，但通常也存在着不全面的问题。当所遇到的问题是以前从未经历过的，往往会落入经验和知识难以处理的范围，人工智能解决问题的能力会急剧下降甚至为 0。

2. 计算机博弈的困难

博弈是自然界存在的普遍现象，其表现在对自然界事物的智力竞争上。尽管对于围棋等棋类运动而言，人工智能程序已经达到了相当高的水平，然而计算机博弈仍然存在着诸多困难。其主要表现在两个方面。组合爆炸问题。状态空间法是 AI 研究中的基于形式化方法，用博弈树表示状态空间，常见的棋类运动的状态空间都非常庞大。例如，西洋跳棋为 10 的 40 次方、国际象棋为 10 的 120 次方、更复杂的中国围棋更是高达 10 的 700 次方。如此庞大的状态空间，对于计算机而言，计算量非常大。如今的博弈程序往往是类似下棋一样的二人博弈，而对于政治、军事和经济之间的博弈往往是多人且充满随机性的，目前的计算机难以模拟。

3. 机器翻译的局限性

1964 年，语言学家黑列尔对于机器翻译所面临的难题作出说明。构成句子单词的歧义性问题。如今机器翻译依旧存在着同样的问题，歧义性问题一直都是自然语言理解的研究难点和重点。无论是中文还是外文，同样的句子和单词在不同的场景下使用，语义存在差别是很常见的。人们可以做到根据不同使用场景，联系上下文进行分析，然而计算机程序通常是将每一个句子作为独立单元进行理解翻译。目前的自然语言理解系统难以随着时间的增长来提高自己的理解能力，因此当下的机器翻译依旧存在翻译与原文意思相差甚远的问题。

4. 模式识别的不足

目前的模式识别研究已经进入高速发展时期，并且取得了大量研究成果，甚至有许多成果已经投入应用，但是模式识别的理论基础与人的感官机制大相径庭。人对外界环境的感知识别和思考能力是当下最先进的超级计算机都难以模拟的。

二、深度学习

（一）深度学习与机器学习

深度学习是机器学习的一个分支，因此我们首先介绍机器学习的相关知识。

对于一个任务 T 和其对应的评价指标 P，解决任务 T 的计算机程序可以通过已知的经验和知识 E，来改进解决任务的方法，使任务 T 对应的评价指标 P 所衡量的性能有一定的提升，通过经验和知识 E 改进方法就是学习的过程。机器学习则是指计算机和机器人等机器通过对经验的学习，即从已知的数据中寻找共性的规律，并利用学习所得的规律对未知数据或者下一步行动进行预测的方法。下面将具体介绍任务 T、评价指标 P 和经验 E 的知识。

在机器学习中，任务 T 一般定义为机器学习的程序处理样本的方法。样本是指从机器学习程序处理的对象或事件中所获取的已经量化的特征的集合。评价指标 P 是相对于机器学习程序执行的任务 T 而产生的。

机器学习可以分为两大类，根据机器学习中的经验 E 的类型不同，机器学习可以分为无监督学习和有监督学习两类。无监督学习无须期望输出，算法能够自动从数据中提取特征信息；有监督学习需要基于输入数据及其期望输出，算法通过训练的方式从数据中提取特征信息，从而得到预测模型。对于彩色图像而言，其特征值是指根据人为定义的颜色和图像边缘的提取方法从训练样本中提取的信息。

（二）什么是深度学习

人的视觉系统处理信息是分级的，从视网膜出发，经过 V1 区提取边缘特征，到 V2 区提取基本形状或目标的局部，再到高层识别整个目标，以及到更高层次的 PFC（前额叶皮层）进行信息的分类判断。综上所述，高层的特征是低层特征的组合，从低层到高层的特征表达越来越抽象和概念化，也越来越能表现出语义或者意图。深度学习与人的视觉系统处理信息类似，其通过组合低层特征来形成更加抽象的高层特征。

深度学习与传统神经网络有许多相似之处。相似的分层结构；由输出层、输入层和中间的隐层构成；相邻层之间的节点有连接，同一层的节点之间无连接。不一样的地方是神经网络中的隐层只有一层；而在深度学习中，隐层却有很多层。因此，深度学习是指一个拥有多层结构（层数无严格要求）的网络，网络生成方法也是多种多样的。

（三）人工智能与深度学习在新媒体中的应用

1. 人工智能与新媒体

新媒体是指在新的技术体系（互联网、智能手机、大数据和人工智能）下出现的媒体形态，如数字杂志、数字新闻、数字广播、数字电视、数字电影、触摸媒体等。新媒体的概念很宽泛，一般是指通过利用互联网，尤其是移动网络，并利用大数据和人工智能技术，以及智能手机、智能手表和智能音响等移动终端设备，向用户提供信息和娱乐服务的媒体平台。

随着计算机硬件技术的突破性发展和人工智能算法的不断改进与优化，移动互联网时代开始了向人工智能时代的加速过渡时期。AI 技术得到了广泛应用，在医疗、教育、交通、国防、物流、金融、航天等各行各业中，面向消费群体（C 端）和企业用户（B 端）的人工智能系统不断涌现。AI 技术对媒体行业的转型升级同样起着至关重要的作用，机器智能写作、人机交互、图像识别、语音识别、自然语言理解等人工智能技术正在对传统的媒体行业进行着翻天覆地的改造。一方面，在消费升级和内容升级的大环境下，消费者对于内容的质量和实时性的要求越来越高；另一方面，受到信息传播媒介的影响，人们的消费观念和习惯也在逐渐改变，基于互联网和人工智能技术的内容导购成为一种较为流行的广告营销方式。除此以外，随着相关版权法规的不断完善和人们对版权意识的加强，在需求和市场的引导下，用户为优质内容付费的习惯逐步形成。如此这般，未来的内容创作市场将逐渐形成良性循环。

（1）中国网络新媒体格局

近年来，"在 AI 领域进行战略布局与延拓；在内容产业上形成生态型立体式运营模式"逐渐成为网络新媒体的发展格局。在大量资本的投资下，内容产业与实业渐渐地融合在一起，许多投资者用过去多年来从实业中赚取的资金来投资未来有着无限可能的新媒体行业。在过去的几年时间内，在大量资本注入的情况下，许多的内容平台为了抢占市场和优质用户，不断使用获得的投资对平台的用户持续补贴。举例说明，各大直播平台，如斗鱼、虎牙和熊猫等平台在创办的初期，为了抢占流量和留住用户，纷纷对头部主播开出天价合同以便于留住粉丝；各大视频网站，如腾讯视频、爱奇艺视频和优酷视频、哔哩哔哩视频网站，为了抢占用户，对于高质量综艺和电影、电视的版权争夺异常激烈，各大视频网站因为争夺用户进行的版权战争，使得部分视频网站直到 2018 年仍然存在亏损的情况。不过随着视频付费逐渐被消费者接受及打击盗版的力度不断加强，视频内容的变现逐渐成为可能；各大短视频平台出现，短视频是近年来兴起的内容创作形式，其实很早之前腾讯就推出过微视，可惜当时不受重视，最终今日头条旗下的抖音火爆全网，诸如腾讯微视、秒拍、火山视频、美拍等短视频网站为了和抖音抢占市场，在资本的运作下，纷纷推出补贴政策。补贴的额度，有的是 10 亿元，有的是 20 亿元……这种补贴也使大量的内容类产品在变现前景模糊的情况下依然能创造"互动场景"，并沉淀与用户之间的关系，最终获得变现的机会。

（2）互联网企业搭建 AI 底层逻辑

近几年，中国最大的智能搜索引擎公司百度的发展战略重心就是人工智能技术，其在无人驾驶、智能音箱和广告分发等领域的人工智能技术的研究中投入了大量的精力，并获得了不错的研究成果，如百度在 2018 年 6 月 11 日推出的小度智能音箱，其搭载了百度对话式人工智能操作系统"DuerOS"，可以实现很多场景下的人机交互。在 2017 年的百度营销盛典上，百度公司推出了"闪投"和"聚屏"两大智能广告投放产品。"闪投"是一款基于搜索引擎，服务于广告投放者，并面向消费者的智能广告投放系统，而"聚屏"则是结合了物联网、大数据及 AI 技术的品牌展示类产品。"闪投"和"聚屏"两大产品的结合应用如下：系统可以通过消费者的 ID 或者对其进行人脸识别，后台通过云端大数据寻找其过去的消费记录，来分析消费者的喜好，最后使用人工智能算法在网页或广告屏幕上呈现出最能吸引消费者的广告内容，其整个计算过程仅需几秒。

阿里巴巴公司选择将 AI 技术广泛地应用于电子购物和电子支付业务，

主要表现在交易风险管控和智能客服等方面。阿里巴巴的技术人员为了保证支付宝交易的安全，在分析诈骗分子的诈骗方式、行为模式和思维模式的基础上，使用人工智能技术，让计算机安全系统学习大量骗术，从而让系统可以准确、高效地掌握骗术的规律。

最近几年，腾讯公司利用对人工智能技术的研究，在新兴的科技领域中不断投入。腾讯公司成立了公司级的人工智能实验室，并在美国西雅图成立了首个海外人工智能实验室。其实验室发布的腾讯觅影系统，基于大数据和人工智能技术，可以让机器对医学图像进行智能筛选和分析。基于人工智能实验室、腾讯优图实验室、微信智能语音团队等数年的技术积累，围绕着计算机视觉、智能语音识别和自然语言理解三大领域，腾讯云已提供了多达25 种人工智能服务。

（3）智能音箱与 AIoT 技术

AIoT 的中文全称是人工智能物联网，其是 AI 技术和 IoT 物联网技术的结合。人工智能物联网融合了 AI 技术和 IoT 技术，通过物联网产生并收集数据存储于云端，再通过大数据分析，以及更高形式的人工智能，来实现万物数据化、万物智联化。人工智能物联网技术的目标是打造一个智能化生态体系。

在家庭 Wi-Fi 网络环境下，智能语音助手可以随时在线，尤其是家庭环境下的噪声干扰也是最少的，私密性最好。在家庭中，需要用到语音助手方面的服务非常多，如无线开关、智能网关、智能插座、门窗传感器、智能空调等，这些都是在家庭环境中可以实现的。而且最为重要的是，这些环节通过语音和智能音箱的交互即可完成，远比人工操作和手机红外操作更加便捷高效。

因此，对于人工智能物联网技术在家庭环境中的使用，智能音箱是必不可少的中间连接设备，也是未来的发展趋势。

（4）AI 技术使新闻行业浴火重生

随着人工智能技术的突破性发展，新闻行业在近几年产生了翻天覆地的变化。从今日头条开始，基于人工智能的机器分发新闻代替了人工分发，并且占据着越来越主流的地位。随后，各大新闻平台，如百度新闻、UC 新闻、一点资讯和腾讯新闻，都开始使用人工智能方法来分发新闻。不断地优化人工智能的迭代算法，收集到的用户行为信息越多，获得的数据越丰富，通过大数据技术，对不同用户的推送就越发准确，用户也会越依赖于这个新闻App。这就是新闻类App的基本发展逻辑。

机器人在新闻行业的使用目的是提高写稿效率，基于人工智能技术，目前智能机器人在新闻领域可以实现写稿、写诗、交互、播报等功能。

（5）发展与挑战

在过去十几年间，中国互联网行业有着丰富的人才和技术储备，如阿里巴巴、腾讯、百度和新浪等中国互联网巨头，其对互联网时代的商业模式的理解居于全球领跑的位置，这些互联网企业正在将以人工智能为基础的信息流应用到媒体、娱乐、教育等各个领域。这些企业有机会也有能力将这些关于人工智能技术的实践经验和技术能力对外输出，并成为人工智能时代全球领先的龙头企业。当然，我国对人工智能技术的研究也面临着许多困难。与发达国家的人才储备量相比，中国在人工智能研究领域中，人才缺失严重且人才储备不足，这不只是人工智能研究领域的专业学术和研究人才的数量严重不足，人工智能产业所需的大量底层编程人员同样匮乏。针对这样的不足，提出以下改进措施：政府应该为人工智能产业相关的研究机构和企业引进和培养高新技术人才，在引进和研究先进的人工智能技术方面，除了提供更多的优惠政策外，政府还应当鼓励技术教育，将科研人才和技术人才结合起来，创造多元的技能培训计划，从而提高全民的科技素养。

人工智能技术的发展已经彻底改变了传统的新闻行业。在新闻生产端，媒体行业终于迈进了自动化门槛。机器人代替劳动力不仅发生在富士康等劳动密集型的制造业，如今机器人也进入脑力密集型的新闻行业，腾讯公司的智能机器人Dreamwriter如今已累计完成了3万多篇稿件的撰写。在新闻分发端，以今日头条为代表的个性化阅读App，也掀起了一场巨大的变革。将新闻的编辑发布权交予人工智能算法来代替人工分发。在接收端，纯文字的传统阅读变得更为小众化和精英化，图片和视频开始升格为21世纪主流的文本表现形式。

2. 人工智能在新媒体精准传播中的应用

在新媒体这一概念诞生的早期，新媒体被定义为"所有人对所有人的传播"，当今所讲的新媒体主要是数字化和网络化的新媒体，其是利用数字技术和网络技术，通过互联网等渠道和智能终端设备，向用户提供优质内容和服务的传播形态。因此，根据不同用户的兴趣爱好提供高质量且精准的信息和娱乐服务的推送成了当前研究的热门问题。新媒体行业是一个多种前沿科学技术交叉应用的产业，3D 技术、HDR 技术、高速传输技术、云存储技术、虚拟现实与增强现实技术、大数据技术和 AI 技术都在行业中不断得到应用，与新技术紧密结合的新媒体行业始终保持着强大的生命力与活力。随着 AI 技术的高速发展和大数据的原始积累，二者结合可以对用户的兴趣进行精准分析，我们利用新媒体平台，可以为客户定制产品和服务的传播、预测客户需求及增加增值服务，从而实现新媒体的精准传播。

（1）AI 技术在新媒体精准传播中应用现状的描述

新媒体技术正在逐渐地改变着人们传统的生活方式和生活习惯，随着人们对智能设备，尤其是智能手机和智能音响使用的不断普及，基于这些智能终端设备的新媒体平台在满足用户对外界信息基本需求的同时，渐渐地成长为一个集信息传播、思想传播和舆论传播为一体的媒体平台。新技术和新媒体的发展使新闻传播演变到现阶段的"自媒体"时代，也使人们处于"无处不在媒体，人人都是记者"的媒体环境中。

AI 技术在当前的机器人新闻稿撰写中已经得到了较好的应用。当前，国内外主流媒体已经使用机器人进行实时新闻稿的撰写工作。大量的实践工作证明，在体育、金融、科技等标准化信息的新闻稿撰写中，机器人通过 AI 技术并结合大数据能在数十秒内完成稿件的撰写，且信息表达得准确、错误率极低、效率远远高于人工写作。通过对不同语言数据库的研究学习，机器人撰写的新闻稿能够适应不同人群的语言表达，从而受到用户的肯定和欢迎。也许在不久的将来，机器人写作将成为新闻稿撰写的主力，使用 AI 技术，其可以针对用户个人的喜好来撰写并推送相应的新闻和其他文本信息。

（2）AI 技术在新媒体精准传播中的功能与特点

当今时代是一个大数据的时代，新媒体行业也是如此，借助人工智能技术来实现信息的精准传播已经成为一种主流且高效的营销方法，同时为用户推送匹配度较高的信息可以有效地增加用户的黏性。未来，结合人工智能技术的新媒体行业将极大地改变人类的各种行为和活动模式。AI 技术应用广泛，语音识别、图像识别、图像处理、数据分析和数据挖掘等技术不断应用到新媒体行业，从早期只能进行单一的文本推送，到如今针对用户喜好的大规模的个性化、实时化推送视频、图像、文本和语音信息。

3.AI 技术与新媒体运营

随着计算机硬件技术，尤其是 CPU、GPU、大容量存储技术和高速传输技术、闪存技术的高速发展，以及深度学习方法的提出，使得人工智能的实现从遥不可及的梦变得好像近在眼前。自深度学习方法被提出后，人工智能成了计算机最为主流和热门的研究方向之一。中国政府已经将人工智能技术的研究上升到国家战略层面，在未来新媒体产业的发展中，大数据和人工智能技术将是两个最重要的推动力。

（1）人工智能变革传媒行业

人工智能在新闻传媒行业的应用，尤其是对信息的高效提取和新闻稿的准确、快速撰写，助力传媒行业由人工写作逐渐迈入智能化和自动化时代。从信息的提取、内容的编辑分发，到最后收到用户的反馈并调整改进，传媒行业在人工智能的冲击下正在经历其诞生以来的巨大变革。

除了上文所述的基于预先所得信息的稿件撰写工作外，AI 技术在诸如体育、科技、军事和专业领域通过预先的学习可以做到及时播报和准确解读。对于各大新闻网站的编辑而言，每天抓取新闻热点来吸引流量的工作是最让人头疼的问题，但对于人工智能而言却是其拿手好戏，通过大数据技术和人工智能技术，计算机可以从庞大的信息流中高效地寻找出热点新闻。

（2）人工智能助力运营差异化

人工智能技术给传统媒体行业带来了变革的机遇，但是如果传统新闻传媒平台不能抓住机遇，成为新媒体平台，最终将会被淘汰。即使是现在蓬勃发展的新媒体行业，如果不能形成自己平台所独有的特色和差异化的运营，也将会渐渐落后于同行，失去顾客和流量，最终失去投资、失去竞争力，甚至破产倒闭。

（3）人工智能助力视频编辑智能化

由央视国际网络无锡有限公司推出的"基于人工智能的视频内容智能分析平台"是一款面向视频生产和编辑的智能设备。此平台基于人工智能技术研制而成，拥有图像识别、语音识别、自然语言理解和大数据分析及人脸识别等技术，可以实现视频的音轨文字化、智能剪辑、场景识别等功能，通过自动化和智能化的编辑视频，极大地降低了人力和时间成本。不仅央视国际网络无锡有限公司推出了"基于人工智能的视频内容智能分析平台"，很多视频生产企业也拥有类似的平台，如优酷的"泛内容智能分析平台"等。

（4）人工智能助力内容审核智能化

随着视频技术的快速发展和网络带宽的不断增加，直播和短视频已经成了当下最火爆的新媒体平台和内容提供商。但是，不可否认的是，直播和短视频中的内容质量实属堪忧，依靠黄色、暴力和污言秽语来吸引观众的内容比比皆是。因此，对于这些直播平台和短视频平台的内容实时性的审核至关重要，但是每天产生的短视频数量巨大，人力有限，所以必须借助人工智能。

借助图像识别、语音识别、自然语言理解和深度学习等人工智能技术，视频内容智能审核系统能智能识别直播和各大短视频、常规视频网站的非法内容，对视频内容进行文字、语义等多角度的智能分析，极大地节省了人力，也提高了工作效率和审核的准确性，从而推进整个新媒体行业，尤其是直播平台和短视频平台的健康、良性的循环发展。

（5）"人工智能＋新媒体"未来依然可期

结合上文所述，哔哩哔哩视频网站的发展壮大和央视国际网络无锡有限公司对新技术在新媒体行业的应用研究表明了人工智能技术和新媒体行业相辅相成、相互融合、共同发展。未来，大数据和AI技术的双剑合璧，会将新技术应用到新媒体运营领域，为新媒体和传统媒体平台带来具有差异化的运营模式。随着新媒体及其相关新技术领域的高新技术企业的不断诞生和成长，未来AI技术在新媒体运营和其他领域中的应用将更加广泛和令人期待。作为人工智能的研究者和新媒体行业从业者的我们，坚信未来可期。

4.深度学习与新媒体

就传授知识而言，在"所有人对所有人传播"的新媒体时代，少数人才能掌握其研究领域的专业知识的情况一去不复返，深度学习和新媒体行业的融合发展，使人们可以在各种新媒体平台获取知识，平台系统也会通过深度学习的方法学习你的兴趣爱好，并向你主动推送知识，使知识传播的渠道大大增加。

（1）深度学习与智能穿戴设备

当下社会，移动设备越来越智能化，知识和信息的获取越来越便捷，学生们可以通过各种智能终端设备来配合各种学习软件高效地获取自己感兴趣的知识，无须通过艰苦的学习去掌握课本上枯燥的、死板的、无趣的知识，这有助于提高学习效率。

深度学习，让人工智能向着自己的最终目标又前进了一大步。尤其是对于可穿戴智能设备而言，如苹果的智能手表 iwatch 和谷歌的智能眼镜，随着深度学习模型的不断优化和突破，未来这些设备将真正成为你身体的一部分，帮你发送各种操作指令给其他智能家居，从而实现真正的人工智能物联网。随着 5G 技术的到来和虚拟现实技术及全息投影技术的高速发展，未来人们可以抛弃各种大型移动智能设备，如手机、计算机等，只需要一块小小的智能手表，通过全息投影，再配合语音指令和人机交互，便可以完成各种操作，如浏览网页、播放视频和编辑文档等需要较大屏幕才能实现的功能。穿戴式智能设备尤其是 VR 眼镜和智能手表被发明的目的，是探究人和智能移动设备全新的交互方式，并为每个人提供个性化服务，穿戴式智能设备需要收集每个用户的个性化数据，形成个人的专属信息数据库，通过深度学习的方式来感知个人的生活习惯、兴趣爱好和行为习惯，最终通过人机交互的方式来展开个性化服务，以满足个人的需求。

（2）深度学习与棋类运动

深度学习的强大之处便在于对先验知识的学习，通过强大的学习能力来解决相似的困难问题。而在新媒体行业中，内容的编辑、审核和分发，以及新媒体平台的运营和形成独有的内容特色都离不开深度学习的帮助。

（3）深度学习在新媒体个性化阅读体验中的应用

当今社会，人们除了工作、吃饭和睡觉，绝大部分的时间都花在了智能手机上，其中有很大一部分时间花在了网易新闻、腾讯新闻和今日头条等新闻阅读类型的 App 上。以前的传统媒体尤其是新闻行业只能通过发行报纸的方式来提供人们新闻的阅读，时效性较差且极不方便，受版面限制，所写内容也未必是读者喜欢的。借助移动智能设备，新媒体平台的新闻内容除了图文形式，还有视频、直播和自媒体发表的新闻和时事点评，尤其是新闻内容的多样化是传统媒体无法比拟的。通过深度学习的方式，使这些平台可以做到内容编辑智能化与内容分化个性化。本章主要说明腾讯的一款新媒体产品在个性化阅读方面的应用，其主要涉及深度学习的知识和相关应用。

随着深度学习的提出，新媒体行业的个性化阅读领域有了更加精确的内容编辑和分发方法。在深度学习被提出来之前，个性化阅读主要通过机器学习的方法来对内容进行编辑、审核、分类和分发。下一章将详细阐述如何应用深度学习的模型和方法来帮助新媒体平台提高内容的质量和针对不同人群内容分发的准确性以及如何为新媒体内容的运营提供决策意见，并帮助他们形成特色和差异化。

第三章　新媒体传播基础

第一节　新媒体用户

一、作为内容产销者的用户

（一）"人人都是通讯社"

在新媒体时代，人人都可以通过"微媒体终端"来发布信息并整合新闻。"微媒体终端"包括"硬终端"和"软终端"，前者指技术设备，如手机、平板电脑、可穿戴设备等，后者指专门针对媒体终端而开发的各类应用和软件。无处不在的手机和平板电脑具备摄影与摄像功能，不断为互联网平台上的兴趣小组、论坛和人际网络注入时新、琐碎的信息流，带来了"人人皆为通讯社""人人都有麦克风"等众声喧哗的景象。用户不再是大众传媒时代被动的接收者和消费者，而成为集生产者、传播者等角色于一体的"产销者"（prosumer），能够积极利用媒介进行传播实践和内容生产。

虽然新媒体让普通人的声音和思想也获得了传播的机会，但是庞大的信息量令人目不暇接，也给用户造成了信息疲劳、时空紧张感等负面影响。

（二）从"公民新闻"到"众包新闻"

众包使得新闻生产不仅发生在媒体内部，还能依赖公民的群策群力。在这个过程中，记者和编辑从"把关人"（gatekeepers）变成了"促进者"（facilitators），并通过网络的连接把公众从被动的消费者变成了共同参与者。

众包新闻在调查性新闻报道中的运用尤为引人瞩目。众包模式不仅降低了报道的成本和时间，还大大拓宽了报道的深度、广度以及公众的参与度。

二、作为人际交往主体的用户

作为人际交往主体的用户，其在社会交往过程中扮演着至关重要的角色，他们不仅是信息的接收者，更是信息的传播者和反馈者。在当今信息化社会中，用户的交流行为和互动模式都直接影响着信息的传播效率和传播效果。用户在不同的社交情境中，通过语言、表情、姿态等多种方式进行信息传递和情感交流，从而构建和维护人际关系。用户的社交需求和动机多种多样，其中包括获取信息、情感支持、社会认同和自我展示等。在社交媒体平台上，用户通过发布动态、评论、点赞等方式参与互动，不仅能表达自己的观点和情感，还在一定程度上影响他人的行为和态度。

用户的参与和互动频率、互动内容和方式等因素，均对其社交网络的结构和质量产生了深远影响。积极的互动能够增强用户的社会支持感和归属感，提高其心理健康水平；而消极的互动则可能导致社交孤立和心理压力。用户在社交过程中，还需要具备一定的社交技能，如倾听、反馈、共情和解决冲突的能力，以便更好地进行人际沟通和关系维护。用户的社交能力和策略在一定程度上决定了其社交关系的质量和稳定性。通过有效的沟通，用户不仅可以解决冲突，增强理解，还能建立起信任和合作关系，从而提升社交的满意度和幸福感。

此外，随着信息技术的发展，虚拟社交成为用户重要的社交方式之一，用户通过互联网和各种社交平台，突破时空限制，进行广泛的社会交往。虚拟社交不仅丰富了用户的社交体验，也带来了新的挑战，如信息过载、隐私保护等问题。在虚拟社交环境下，用户需要面对大量的信息流，这不仅增加了信息筛选的难度，还可能导致信息过载现象。为了应对这一挑战，用户应提高自身的信息素养，学会辨别信息的真实性和价值，避免被虚假信息误导。同时，用户在进行虚拟社交时，还应注重保护个人隐私，合理使用隐私设置，以防止个人信息被不当使用。

在虚拟社交中，用户的网络行为也会受到平台算法的影响。社交平台通过算法推荐机制，根据用户的兴趣和行为特征，为其推送定制化内容，这在一定程度上增强了用户的使用体验，但也可能导致信息茧房效应。用户在长时间接触同质化信息后，可能会逐渐忽视其他不同观点的信息，从而形成封闭的认知环境。因此，用户在使用社交平台时，应保持开放的心态，主动接触多元化的信息和观点，以避免陷入信息茧房。

用户在社交过程中不仅需要关注个体间的互动，还应注重群体间的交流与合作。群体社交活动，如团队合作、集体讨论和社会运动等，都是用户参与社会生活的重要形式。通过参与群体活动，用户不仅可以拓宽社交圈，结识更多志同道合的朋友，还能提升自身的社会影响力和领导力。在群体社交中，用户应学会尊重他人的意见并发挥团队合作精神，共同实现群体目标。

此外，用户的社交行为也受到文化背景、社会规范和个人价值观的影响。在不同文化背景下，社交礼仪和行为规范存在差异。用户在跨文化交流时，应尊重和理解他人的文化习惯，避免文化冲突。社会规范和个人价值观也会影响用户的社交选择和行为模式，用户应在遵守社会规范的前提下，保持个性和价值观的独立性，做出符合自身信念的社交决策。

总之，作为人际交往主体的用户，能够通过多种方式和途径，与他人进行信息和情感的交流与互动，构建和维持人际关系影响着社会网络的形成和发展。用户不仅在个体层面上通过有效的沟通和互动来提升自身的社交满意度和幸福感，还在群体层面上通过参与集体活动来增强社会影响力和团队合作能力。面对虚拟社交的挑战，用户应提高信息素养，保护个人隐私，保持开放心态，以实现更好的社交效果和个人发展。在复杂多变的社会环境中，用户需要不断提升自身的社交能力和策略，适应不同的社交情境，并积极应对各种社交挑战，从而实现更加丰富和有意义的社会生活。

第二节　新媒体传播的基础理论

一、媒介与媒介形态变化

（一）媒介的概念界定

媒介，正经历又一场由技术推动的大转型。已有媒体形态通过自我革新进化，或消失遁形，或凤凰涅槃。与此同时，新的媒介形态在技术、经济、文化等共同作用下，正迅速占领人类的生存时空，并不断冲破传统媒介概念的内涵和外延。

综上所述，媒介的定义有很多。从广义上来讲，凡是能使人与人、人与物以及物与物之间产生联系或发生关系的物质都称为媒介。广义上的媒介含义在人类的日常生活和传播学中经常使用。从狭义上来讲，媒介在不同的领域具有不同的解释。例如，从符号学的角度来说，媒介是承载并传递信息的物理形式，包括物质实体（如文字、图片、有意义的象征符号等）；从传播学的角度来说，媒介是指所有面向广大传播对象的信息传播形式，包括报纸、杂志、广播、电视、电影和网络等；从渠道、信息的角度来说，媒介就是渠道，即口语单词、印刷单词等，有时也包括信息。

（二）媒介形态的变化

1. 媒介形态变化的原因

所谓可感知的需要，表明人们对"媒介技术"的社会采纳与推广保持了一种"社会需要论"的态度。换句话说，任何新技术如果要被人们所采纳，应当同人们的社会需要相适应，如果人们不需要，那么新技术可能就难以或者暂时难以被采用推广。比如印刷术很早就出现了，但是印刷报纸却直到17世纪才出现，这个"延时采用"的时间段就长达几个世纪！

所谓媒介竞争，指的是传播媒介进入市场争夺受众的战争，在竞争中优胜劣汰，这是媒介竞争的市场法则，也是媒介形态变化的内驱力。所谓政治压力，指的是各国政府对传播媒介在政策资源、财政支持和宣传报道上的把控。所谓社会和技术革新的相互作用，指的是媒介技术与社会之间的互动，这是一种从更为宏观的社会角度来探讨媒介形态变化原因的观点，它没有片面地落入"技术决定论"或者"文化决定论"的窠臼，而是同时承认技术革新与社会因素的重要作用，从两者的互动来分析问题。这种互动分析的必要性在于，其承认社会是技术变革的宏观环境，其实，这同"可感知的需要"有很大的交叉。但是这里着重强调的是"互动"，力图展示技术变革与社会因素之间的动态轨迹。

2. 传播活动发展史

口头传播是人类最早出现的一种传播形式，也是人类传播史上延续最久的形式。口头传播的具体形式有部落、团体、民族的集会，田间地头的传闻，以及广泛流传的民谣说唱等。例如日本的"井户端会议"，在原始社会末期，同一部落的妇女利用每天到井边汲水的机会相互通告消息。又如古希腊的马拉松战役。公元前490年，当时的波斯欲吞并希腊，希腊士兵奋勇抗敌，最后在马拉松平原击败波斯侵略者，传令兵菲力彼得斯（Pheidippides）跑了40多千米回到雅典，高呼他们胜利的喜讯后，便力竭身亡。后来为了纪念马拉松战役及菲力彼得斯的英雄事迹，才有了现在的马拉松比赛。由于口头语言传播在时间和空间上有一定的局限性，古人还借助体语、标记、图示、声光等多种方式作为口语传播的辅助手段。

在原始社会后期，文字出现了。古代埃及人在公元前 3000 多年创造了一种象形文字，同一时期，中国和其他一些国家也都创造并使用过象形文字。文字的诞生标志着人类传播原始时代的结束，以及文明时代的到来，它突破了时空限制对口头传播的束缚，促进了人类的社会化进程。

印刷术的发明为印刷传播奠定了基础，它是人类传播史上又一座里程碑。约翰·古登堡（Johannes Gutenberg）是德国美因兹的一位工匠，1440—1450 年，他经过一系列的实验，发明了一套包括铸字盒、冲压字模、铅活字、油墨、木制印刷机等工艺的金属活字印刷法，也因此被誉为现代印刷之父。古登堡的发明使文字的大批量复制成为可能，这标志着大众传播时代的来临，因此，报纸和杂志成为这一时期的主流媒体。

电子传播时代使人类首次进入了全新的信息社会。在印刷传播时代实现了信息的大量生产和复制后，电子传播时代将信息的远距离快速传输变为现实。1858 年，横跨大西洋的海底电缆竣工，使接近于实时传播速度的远距离信息传递变为现实。电子媒介不仅使人类传播在速度、空间和时间上获得突破性的变革，而且实现了人类不同感官向外延伸的愿望，并形成了人体外化的声音和影像信息系统，如摄影、录音等。此外，依托电子技术的广播、电视和电影则成为电子媒体的绝对主流媒体。

数字化技术和通信技术的迅速发展让人类传播进入了数字传播时代。各种数字化设备层出不穷，通信网络也日益完善，互联网和通信技术的结合应用更为传播方式、传播内容和传播特征带来新的根本性的改变，使大众传播逐渐向分众传播转变，具备互动、精确、便捷等优势的新媒体的诞生奠定了坚实的基础。以数字化技术和通信技术为基础的媒体又被人们统称为新兴媒体。

从传播形式来看，互联网改变了受众面对传统媒体时被动的视听局面，互动性成为其最具特色的优势。建立在互联网数字技术和通信技术之上的手机媒体，将文字、图片、音乐和视频等多种媒体融合在智能手机这一终端上，使之成为独特的具有大众传播功能的"第五媒体"，全民参与的用户原则（UGC）信息分享成为其最主要的优势。

3. 媒介形态变化的规律

无论是传统媒体还是新媒体，传播媒介是在一个不断扩张的、复杂的自我适应系统内共同演进的。每当一种新媒体形态出现和发展，就会不同程度地影响其他媒介形态的发展。分析媒介形态变化的过程，不难发现其演进有以下规律：第一，共同进化与共同生存，即一切形式的传播媒介都在一个不断扩大的、复杂的自适应系统内共同相处和共同演进。每当一种新形式出现和发展起来，它就会长年累月、程度不同地影响着其他每一种现存形式的发展。第二，形态变化，即新媒介绝不会自发地和孤立地出现——它们都是从旧媒介的形态变化中逐渐脱胎出来的。当比较新的形式出现时，比较旧的形式就会去适应并继续进化而不是死亡。第三，增值，即新出现的传播媒介形式会增加原先各种形式的主要特点。这些特点通过我们称为语言的传播代码传承下去并普及开来。第四，生存，即一切形式的传播媒介以及媒介企业，为了在不断改变的环境中生存，都被迫去适应和进化，它们仅有的另一个选择，就是死亡。第五，机遇和需要，即新媒介并不仅仅是因为技术上的优势而被广泛采用。开发新媒介技术，总是需要机会，还需要有刺激社会的、政治的以及经济的因素。第六，延时采用，即新媒介技术要想获得商业上的成功，总要花比预期更长的时间。从概念的证明发展到普遍采用，往往需要一代人的时间。

二、新媒体传播的内涵、特征与规律

（一）新媒体传播的内涵

诸多新兴媒体的产生对整个社会各个方面的影响已经逐步显露出来。

1. 新媒体传播的定义

我们所探讨的新媒体是相对于传统意义上的报刊、广播、电视等大众传播媒体（传统媒体）而言的，是指随着传播新技术的发展和传媒市场的进一步细分而产生的新型传播媒体，是所有人向大众实时交互地传递个性化数字复合信息的传播介质。它主要包括两大类：一是利用互联网技术的以电脑PC机为终端的"第四媒体"（网络媒体）；二是运用移动互联网技术的以手机为终端的"第五媒体"（智能手机媒体）。

2. 新媒体传播外延的扩展——"浸媒体"

随着传媒科技的不断发展，AI技术和VR技术产生的媒介新形态，冲击了人们对媒介的传统认知。新出现的媒介形态，无时不在、无处不在地传播、接收和处理信息，其不仅具有独特的技术本体、客体、过程、知识和意志等，也是媒介本身，是新生代的媒介，都具有使人进入沉浸感的特征，笔者将其统称为"浸媒体"。

"浸媒体"是指有沉浸传播特质的具体媒体形态，是在沉浸媒介技术基础上出现的数字化全新媒介形态和传播现象，即具有以人为中心，无时不在、无处不在、无所不能的传播功能，信息由传播者与接收者共同创造，并共同进入沉浸的体验。"浸媒体"的主要代表有全息影像、网络直播平台、虚拟现实、增强现实和人工智能等，如 Facebook Live（脸谱直播）、Twitter Periscope（推特直播）、Google Connect（谷歌连接）、360 全景视频和 VR 新闻。浸媒体是提供"沉浸体验"的媒体，大数据是"浸媒体"的本质，"浸媒体"是后内容时代的产物，而人工智能是浸媒体的未来发展方向。

沉浸媒介无时不在、无处不在，其体现了时空的均衡，也将自己与以往的旧媒介区分开来。沉浸媒介作为各种有形或隐形终端，无声地潜在周边环境中，通过泛在网络与人类紧紧相连，共同组成空间环境，也使人类大环境本身成为媒介。每个媒介终端都是整个泛在网络的一个节点上，人类可以在这个无边的网中穿越时空，在虚拟与物理两个世界自在漫游。"浸媒体"的出现，起到了对传统媒体的整合作用。未来媒体工作者主要的工作是组织好人工智能、大数据、增强现实等技术的"应用"，这是一门艺术。

沉浸媒介是一个以人为中心的开放媒介形态，包含所有可以生产、传播、展示和接收信息的有形的和无形的媒介形态，是所有媒介的集大成者。人不仅是媒介的积极驾驭者，更是沉浸媒介的本体。人机合体的"沉浸人"，是沉浸媒介的最高状态，也是真正的超媒介。

（二）新媒体传播的特征

新媒体在信息传播与经营模式等方面与传统媒体有着巨大的差异，新媒体与传统媒体的差异不仅在于出现了一种新的技术手段、平台和介质，更在于新媒体带来的从内容生产方式到传播语境的变化。

1. 新媒体的传播模式发生巨大变化

新媒体在信息内容、传播状态、传播受众和传播模式等方面与传统媒体有着截然不同的特征。

从传播信息的形式来看，传统媒体以文字、图片、声音、画面等单一信息形式进行传播，信息传播形式不够丰富灵活；新媒体则充分发挥互联网和无线通信网络的技术优势，融合多媒体、动画、实时互动、短视频和视频、声音、AI数字内容等多种信息形式，使信息的互动性、灵活性与丰富程度都大大高于传统媒体。例如，近几年悄然兴起的大数据新闻就是典型代表。大数据新闻传播不同于传统新闻报道那样的简单数字交代，而是展示了一种从宏观与中观的层面对社会某一方面的趋势、动态和结构性的把握。作为大数据方法在新闻传播实践中的初级应用，它是借助类似百度指数等各类数据采集和分析工具去挖掘散落在社会文本"碎片"中具有新闻价值的资讯描述和意义表达。传统的新闻采集数据的方式更多是通过线人、采访这种形态，大数据方法为媒体工作者提供了一个全新的专业工具，去帮助大家挖掘新闻。首先，它是新闻形态的一种创新，包括可视化信息和人性化的嵌入；其次，它是一种全新意义上的内容创新，即通过碎片化的数据及文本的挖掘技术，实现了新形态下"减少和消除不确定性"的新闻内容。2015年，有关天津滨海新区发生的爆炸大数据新闻就是其中的翘楚。

从信息传播的状态来看，传统媒体是典型的"一对多"式的单向信息传播模式，虽然传授双方有一定互动性，但是信息反馈的过程比较复杂与滞后；新媒体则可以实现P2P（Peer to Peer）"多对多"的信息传播模式，以及O2O（Online to Offline）"线上线下"的信息传播模式，通过互联网、手机微信等新媒体传播形式，任何人都可以经济而便捷地以众多形式向他人传播信息，且信息反馈得及时，同时，信息进入的低门槛特征也让信息能更快速地传播。例如，新浪微博的"热搜"板块，基本将社会中发生的重大事件信息都纳入其中，受众搜索得越多，讨论得越激烈，信息热搜指数就会越高。

从传播的受众来看，新媒体的受众群体从大众转向分众，再由分众转向精准传播。传统媒体是大众媒体，传播学认为，受众人数达到人口总数1/4以上的媒体便被称为大众媒体，传统媒体具有公共产品的性质。新媒体被称为分众媒体，可以通过技术手段、传播模式等方式针对特定受众群进行信息传播。新媒体导致了受众偏好的改变，受众有可能接触到越来越多的信息形式，在这里，经济学中的"二八定律"似乎不再奏效，而"长尾理论"

却显现出其巨大作用。受众在信息传播过程的参与程度越来越高,新的传播状态使"大众"变成"小众"甚至是定制化的精准传播。

从传播模式的立体化来看,在新媒体的影响下,通过网络和各种移动终端,人们可以随时随地按照自己的喜好浏览信息,信息传播也日益多样化和立体化。人们不再受到传统信息传播载体形式的约束,完全可以根据自己的现实情况,通过不同的新媒体来搜索感兴趣的信息,并进行浏览和了解。各种新媒体还可以积极地联合起来,与传统的新闻传播媒介一起,共同对同一信息话题或者新闻事件等进行全方位的综合传播与报道,从而更好地展示出新闻事件相关的各方面的细节内容,并扩大信息的传播范围,为人们提供更加立体、全面的信息服务。

2. 新媒体传播的特征

传播技术的变革总是集中体现于传播特征的演变,而传播特征的演变又折射出媒介传播方式的进步,进而引发媒介内容生产形式的创新。当前,新媒体传播特征是网络化和数字化技术在新媒体发展中的直接体现,并注定将对其内容生产发生重大而深远的影响。只有深刻认识到新媒体传播区别于传统媒体传播的本质特征,才可能对其内容生产规律有进一步的了解。

(1)双向互动性

双向互动性是新媒体区别于传统媒体的先天优势和最显著特征。与传播者处于主导地位、信息单向流动的传统传播模式相比,新媒体利用互联网和无线网络技术,彻底突破了传播时空的局限,大大提高了传播速度,实现了从线性"单向传播"到非线性去中心化"交互传播"的跨越,其传播方式发生了根本性和颠覆性的变革,形成了以交互性与移动性为主要特点的传播形态。新媒体特别是网络视听媒体,使每个人都能够利用网络通信技术自由地发布信息并个性地表达观点,使每个人都成为信息的生产者、传播者与分享者,在传播者之间以及受传者之间、传受两者之间,都能够进行各种形式多样、实时互动的交流反馈,受众的主动性、积极性和自主意识得到极大提高,为内容生产提供了更为广阔的创作空间和舞台。简言之,新媒体双向互动的传播特征,开启了广播电视个性互动的传播时代,其具有传统媒体无法比拟的传播优势。

（2）复合多元性

复合多元性是视听新媒体的又一鲜明特征。与传统媒体相比，新媒体传播主体更加多元化，传统媒体、民营企业、外资企业甚至个人都可以成为新媒体的传播主体，其信息来源也呈现出多元化构成的趋势。新媒体融合直播、轮播、点播、回看时移等多种传播形式为一体，并呈现出网络广播影视、IP电视、手机电视、移动多媒体广播电视和公共视听载体等多种业务形态。新媒体还表现出内容丰富性和价值多元化的特征，各类创新理念、全新题材和制作方式层出不穷，各类社会阶层表达及多种利益诉求得以全面呈现，对各类问题讨论的深度、广度以及形式多样性前所未有。新媒体传播渠道和接收终端多元化的拓展延伸，出现了广电机构开设的网络电视台、网络电台，社会民营网站开办的音视频网站等多类传输渠道，更有电视机、计算机、手机、平板电脑、户外显示屏等多种接收终端。在"三网融合"推动下，新媒体还将实现娱乐、信息、电子商务等增值服务，在业务经营上和盈利模式上也呈现出复合多元化发展的趋势。

（3）时空无限性

随时随地随心地获得信息服务，这充分体现了新媒体前所未有的自由度和灵性。传统电视只能在室内固定观看，只能按照节目线性编排方式有序收看，而新媒体集交互性和移动性于一体，使随时随地随心享受信息服务的梦想成为现实。今天，用手机上网看热播剧，在公交车和出租车上通过电视来了解信息资讯已成为越来越普遍的现象，人们可以在任何时间、任何地点，通过任何终端，按照自己的意愿获取信息，新媒体服务无处不在、无时不在，已经成为人们精神文化生活中不可或缺的重要组成部分。随着3G、4G、5G技术发展的普及，新媒体交互性和移动性的特点将体现得更加淋漓尽致，并发挥更加重要的作用。新媒体将节目内容集成在互动开放的移动传播平台上，为受众提供根据兴趣和需要随时点播观看信息的服务，这是对大众传播时间性媒体和空间性媒体的超越和扬弃。

（4）分众异质性

新媒体特别是基于移动互联网技术的新媒体，打破了传统点对面、受众区分度不强的传播模式，开创了点对点、面对点和面对面等多种全新的互动传播模式，并针对不同受众提供细分化、个性化的视听产品服务，为分众异质化传播提供了可能，体现了新媒体传播的专业性和精准度。如果说传统媒体是"主导受众型"，那么新媒体则是"受众主导型"，受众有更大的选择权和更高的自由度，其更加注重个性化体验。新媒体将传统"大众"解构为"小众"乃至"个人"，针对不同受众群体采取适合的传播形式，编排个性化的传播内容，从而推动受众市场进一步细分化和碎片化。

（5）融合开放性

实质上，新媒体在消解边界的同时促进了更为广泛的融合，传统媒体与新兴媒体的融合发展，实现了资源共享、优势互补与共赢发展。特别是移动新媒体，以"三网融合"为基础，打破了地域、时间和行业界限，体现了融合开放性传播的时代特征。在技术层面，新媒体融合了传统广播电视技术、通信技术和互联网技术，在网络上实现互动交流、互联互通和可管可控；在业务层面，新媒体融合广播电视业务、信息服务、通信业务和各种电信增值业务，大大拓展了传统广播电视的功能，革新了内容生产、存储、传播和消费方式，满足了人们日趋多样化和个性化的需求；在接收终端层面，电视终端网络化、电脑终端电视化、电脑终端便携化、手持终端综合化和公共终端交互化，也体现出新媒体发展融合化趋势。

（三）新媒体传播的基本规律

随着传播技术的广泛应用，媒体传播方式也愈加丰富，受众更倾向于通过新媒体传播来获取信息。当然，对互联网思维下的新媒体传播规律的了解不能浮于表面，应该深入思考和实践。

1.用户思维第一规律

互联网思维的核心是用户思维，是"一切以用户为中心"。"用户"这一概念本是指 IT 领域中网络服务的使用者，网络媒体为了强化其服务观念，将其受众称为用户，要求树立用户思维，即能够知道服务的用户是谁，用户需求是什么，如何不断地满足用户需求，在满足的过程中不断地改进产品，并创造更多的用户价值。

在网络社会里，纸媒转型必须强化用户思维。过去，媒体也一直强调要以读者或受众为中心，然而在新媒体竞争过程中，从行动上树立用户意识，满足用户需求，打造人性化媒介，才能真正适应新传播时代的要求。树立用户思维，从根本上来说，是要抛弃以自我为中心，让用户意识贯穿到信息生产运营的始终。互联网文化要求树立用户意识，传媒必须有平等意识和互动意识，要学会研究用户的兴趣爱好与阅读习惯，寻找新闻报道与用户贴近的结合点；学会用互动手段有针对性地为用户提供服务，以此来发展和管理用户关系，从而培养用户的忠诚度。

2. 平台理念创新规律

在互联网时代，人们获得信息越来越容易，信息成本也越来越低，但信息越丰富，用户对传媒做出信息选择的需求就越大。因此，媒介运作方式的一个重要转变就是从传播平台到整合传播平台。从传媒本身来讲，随着社会传播体系的不断复杂多元和完备，一家媒体独占某一内容的可能性越来越小，仅仅依靠自我力量采集和制作内容，远不能适应今天的多样需求。这就需要通过一定的机制和物质载体，整合各类内容资源，即要树立开放、共享、共赢的互联网平台思维。

传统媒体通过独立的内容生产体系和传输渠道，并通过广告方式获利的单向循环链条，在产业融合的竞争环境中，已不再那么有效。互联网企业一个重要的机制就是平台运作模式和平台商业思维，即要求资源观从封闭到开放，利益观从独占到共享，组织观从层级控制到对等协作。传媒运作应顺应互联网规律，建立能够集聚多方资源的、动态的信息开放平台。

3. 跨界融合思维规律

互联网带来的不仅是技术革命，还是产业革命，产业融合已成为必然趋势。在互联网媒体成为市场主导者和最主要的利润获得者的情形下，传统媒体必须创新观念、思路和体制，并充分借鉴市场中的成功经验，通过融合，营造一种更为市场化的体制、机制，以鼓励创新——这就是跨界思维。跨界的主要目的是"借智"，即把某一行业成功的人才、经验植入新的行业。我们常说，"虽然传统媒体衰落了，但新闻行业更发达了"，这是因为，很难再用一个媒体来锁定所有的受众，传媒正面临的是一个选择极其多元的买方市场。在这种情形下，传统媒体必须"借智"互联网，通过对传播技术、传播形式和营销方式的全方位整合，以互联网媒介的优势来弥补自身的缺陷。

4. 大众文化消费规律

当代社会正处于大众文化与消费文化交织的时代。大众文化作为现代工业社会和市场经济的产物，其本质是一种商业文化和市民文化，具有无深度、模式化、平面化和易复制的特征。而消费文化作为一定范围内的人群围绕消费行为所创造的物质和精神财富的集合，以及随之而形成的习惯、传统和观念，是商品经济条件下一种独特的大众文化现象。随着市场经济的日渐发展，以及人们闲暇时间的不断增加，消费在一定程度上已成为社会生活的主导，而大众文化已成为当前社会生活的主要消费内容。

今天，传媒的消费主义倾向更加明显，人们对文化的消费甚至超过了物质消费，大众文化与生俱来的商业性、世俗性、娱乐性等特征在传媒消费中体现得淋漓尽致，媒介产品中充满了感官享受、情感娱乐和梦想意象，并表现出以娱乐为中心、追逐欲望满足和感官享乐的消费主义倾向。新媒体传播本质上是一种大众文化，其包含了移动通信技术的应用、传播主体的多元化、信息与资讯的共享以及传播形式的多样化，它对传统和权威的解构在一定程度上契合了大众文化、消费主义和后现代主义的特征，追求感官体验和视觉盛宴，渴望娱乐休闲成为视听新媒体内容生产的一种明显倾向，搞笑戏说、娱乐至死成为新媒体文化一道独特的景观。作为大众文化消费的新媒体传播，其比传统媒体更加关注受众不断变化的喜好和口味，更加具有流行时尚文化的斑斓色彩。新媒体的自由度、互动性及参与的广泛性，使其内容生产趋于娱乐化、流行化、趣味性和时尚性。当然，极端的泛娱乐化倾向也常常会导致低俗、媚俗、庸俗现象出现，从而带来伦理道德的沦丧和社会责任感的缺失。因此，新媒体传播在遵循大众文化消费规律的同时，也要时刻警惕大众文化和消费文化自身弊病所带来的负面影响，防止新媒体传播因为意义的无深度而沦为文化快餐和文化垃圾，防止在以感性的方式放松人们心灵与生活的同时消解了对崇高美感和理性的追求。

5. 文化创意生产规律

创意产业的概念源自 20 世纪 90 年代英国为解除经济困境而推动转型发展的实践，是指源自个人创意、技巧及才华，通过知识产权的开发和运用，具有创造就业财富和就业潜力的行业。文化创意产业是一种在全球化消费社会背景中发展起来的，推崇创新、个人创造力，强调文化艺术对经济支持与推动的新兴理念和经济实践，而内容创意生产则是产业链和价值链的发端和源头，通过对创意内容的深入挖掘和不断延伸，加快不同行业、不同领域的重组与合作，并开拓新型的产业营销模式和盈利模式，推动社会经济改革创新和转型升级。在数字化、网络化技术及产业融合发展的背景下，新媒体传播已经推动传统广播影视实现了向数字创意内容产业的历史性转变，正在打破传统的行业分工，跨越通信、网络、传媒等各个行业，将图像、文字、影像、语音等内容，通过运用数字化高新技术手段和信息技术进行整合、融合与重塑，在不同的载体和空间内流动和开发利用。因此，新媒体传播实质上就是创意的比拼，是创造力的展示。在新媒体传播实践中，要深入把握当代人的审美需求特征，满足受众深层次心理结构需求，从而充分发挥传播符号激发消费欲望增强传播效果的作用，并体现新媒体时代视觉化、娱乐化的特征。

要研究市场特别是年轻受众的需求习惯，打破传统思维束缚，展开想象力的翅膀，探索趣味表达方式，创作开发和制作更多短小快捷且充满时代气息、现代意识和流行时尚的视听节目。要提高情感逻辑和自由表达水平，充分发挥文化创意梦想产业的优势，积极探索新媒体传播在题材、品种、风格和载体上的差异化、个性化和品牌化发展路径，以精品争夺产业链高端，以上游带动全局，从而在竞争与发展中立于不败之地。

6.高新科技融合规律

人类科技发展推动媒介传播形式一次又一次变革：从语言口头传播，到印刷文字传播，再到电子信息传播，都加快了传播手段创新和人类文明进程。而今天，与传媒业结合最为紧密的无疑就是数字化、网络化和信息化技术。传统媒体借助高新技术的力量，突破了传播时空局限，拓宽了传播对象范围，创新了传播形态模式。特别是基于网络数字技术 Web2.0 所诞生的各类新媒体，更是彻底颠覆了传统媒体的传播理念，改变了节目生产制作流程，重构了全新媒体传播格局，生动地体现了传播技术的新、传播介质的新、传播方式的新和传播规律的新。媒介与高新技术的融合发展，推动了媒介制作理念、生产方式与传播方式的巨大变化，同时也深刻地改变了人们的信息接收方式、人类生存发展状态和社会经济文化结构。而云计算、云存储等下一代计算技术，以及物联网与数字智慧家庭、城市的结合等，也必将对视听新媒体内容产业产生深远的影响。如果说传统媒体是电子技术进步的产物，那么新媒体就是广播电视与最新网络技术、数字技术融合发展的产物，是广播电视与当代最新科技手段结合最为密切、对人们日常生活渗透最为深入、最具发展活力和潜力的前沿部分。新媒体在节目制作、存储、发布、传送、接收和显示等各个环节都深深地烙下了现代高新科技的印记。通过对数字网络高科技手段的运用，新媒体具备了传统广播电视无法想象的新功能和新特征，通过有效整合运用图像、文字、影像、语音等各种资源，来推动视听图像质量更加高清化、传授之间的交流更加互动化、节目编辑更加合理化、内容处理更加软件化、内容存储更加高效化等，从而推动新媒体传播水平进一步提高。特别是在新媒体内容生产中，以数字创意性和网络开放性思维指导节目制作，将各种文化创意与最新数字技术手段有机结合，增强了新媒体传播的观赏性和有效性。

7. 草根个性创作规律

与传统媒体更多体现少数人的精英型文化相比，新媒体打破了传受双方的界限，颠覆了单向线性的传播方式，提供了一个互动开放的平台，每个人都能够成为内容生产的参与者和分享者，这体现了较强的便利性和自由度。其中展现的强烈的反叛性和戏谑性，更具备消解权威和中心的草根文化特征。受众能够以传播者的角色参与内容生产，通过 DV、DC、PC 等新技术拍摄制作，并在开放的媒介平台自由发布信息和作品，实现了从传统广播影视专业机构制作发布到受众个性化制作上传的拓展，使新媒体既具有传统媒体的专业性，又具备草根时代的原创性和个性化，从一定程度上打破了精英文化与传统文化对传播语境的垄断，使受众从被动接收信息向主动创造信息的转变，最大限度地体现了现代传播包容性、平等性和参与性的特征。在新媒体传播时代中，普通大众或草根借助高科技传播手段的力量，第一次获得平等的信息权和话语权，全方位呈现来自民间的声音和智慧，在与精英文化的博弈、冲突和交融中完成了数字时代全新文化格局的构建。视听新媒体特别是网络视听网站，有大量内容直接来自网友制作拍摄上传的音视频作品，其中一些影视短片还成为网络流行文化，并产生了较大的社会影响。新媒体传播的平民性和通俗性，已使其内容生产成为人们闲暇生活和自我愉悦的重要组成部分，在互动、个性、平等和包容的新媒体文化环境中，使每个人都能够自由地展示才华、表达观点，并与他人、与社会分享自己的所思、所想、所感。但是我们也要清醒地认识到，草根个性创作并非"恶搞"，不能完全以颠覆的、滑稽的、莫名其妙的无厘头表达来解构所谓"正常"，要警惕草根个性创作中的历史虚无主义和文化虚无主义思潮，不能为了追求所谓个性自由而突破道德法律底线，制作一些纯粹以搞笑为目的，而扭曲、丑化、侵权原作品的视听短片。新媒体传播平台应加强审核把关，坚决将低俗、庸俗、媚俗的文化垃圾拦截在传播渠道之外，为新媒体传播的健康、可持续发展营造良好的生态环境。

8.微内容碎片化规律

相对于传统媒体结构完整、宏大叙事的"巨内容"而言，"微内容"最显著的特点就是微小和细碎。数字技术和网络技术的普遍应用，使受众作为传播个体处理信息的能力极大增强，通过搜索引擎、标签等的聚合，个人微小的信息都可能会被看到并引起关注，从而凝聚成强大的力量。随着社会阶层的多元裂变，各种利益诉求的充分表达，受众个性化的信息需求更加强烈，媒介传播环境呈现出细分化、碎片化的发展倾向。在现代社会中，人们工作与生活节奏加快，时间被割裂成破碎的片段，放松性的视听享受取代了深层阅读，感官性、跳跃性的思维取代了缜密性、逻辑性的思考。新技术使受众的信息获取方式产生了根本性改变，新媒体充分迎合了人们休闲娱乐时间碎片化的需求，媒介碎片化、受众碎片化、消费者碎片化乃至品牌碎片化的现象更为普遍。正是基于对"微内容"创作特点和"碎片化"媒介消费习惯的考虑，新媒体传播重点正转向碎片化的"微视频"内容的制作。微视频生产的关键是：按照消费时间碎片化的要求，如打破夜晚与白天、工作与休闲的时间界限，按照空间碎片化的要求，如在上下班途中、在工作闲暇，甚至在排队等候时，大胆地将节目碎片化、颗粒化，将追寻连续深度意义的表达转变为片段的、非逻辑、追求表层信息的方式。比如在公交移动电视中，将连贯的节目形态按照受众消费时空碎片化要求，拆分成小段落和小单元，时长为 3 ~ 5 分钟。甚至在不同时段，节目编排风格也不尽相同，如早间节目节奏，音乐会更加清新明快。随着技术的发展，新媒体形态层出不穷，每一种媒体不断细分，内容更加碎片化，针对不同收视特点的区域和人群，通过不同的载体播送不同节目，与传统媒体形成互补共赢的格局。

9.社会效益最大化规律

与传统媒体相比，新媒体具有双向互动、复合多元、个性异质等传播特征，在传播中呈现出大众文化消费、草根个性创作、娱乐化倾向等规律。有人便据此认为，新媒体传播发展重在市场化、产业化运营，以追求经济效益最大化为目标。正是因为对新媒体传播的本质属性认识产生了偏差，又游离在依法行政管理之外，一些社会民营新媒体为了追求点击率，获取广告收益，往往在节目内容上打擦边球，不时以涉及色情、暴力等感官刺激内容来吸引眼球，危害未成年人身心健康，有时甚至因为把关不严，出现政治导向偏差，带来严重的社会负面影响和安全播出隐患。这些问题的关键是：没有清醒认识到新媒体作为传统广播影视的延伸拓展，是党和政府又一重要的宣传舆论阵地，要把握双重属性、坚持双重效益、遵循双重规律并完成双重任务，也要坚持正确舆论导向和先进文化方向，肩负引导社会、教育人民、推动发展的重要功能，新媒体传播社会效益最大化的本质并未随着传播特征的变化而改变。

因此，在新媒体传播中，仍然要将加强社会引导、坚持正确导向、建设社会责任放在首位，努力将弘扬以爱国主义为核心的民族精神、以改革创新为核心的时代精神、以社会主义荣辱观为核心的伦理道德精神有机地融入各类视听媒体节目的生产和传播中。围绕着党和政府中心工作，充分发挥视听新媒体高新技术优势和节目创新优势，服务大局、服务群众、服务于社会经济文化建设。准确把握社会热点与焦点，针对不同受众的不同需求，主动设置议题，精心策划内容，通过原创性采制、逻辑式链接、多媒体集成、全方位展现、全社会参与，满足群众多样化、多层次、多方面、个性化的精神文化需求。大力培育出一大批具有中国特色、中国风格、中国气派的网络视听节目品牌，以大量思想性、知识性、艺术性、观赏性相统一的作品，让广大受众获得文化熏陶和精神滋养。同时，自觉抵制低俗之风，抑制腐朽文化，以确保新媒体传播内容的健康、可持续发展。

三、新媒体传播的发展趋势

（一）移动互联持续创新并改变新媒体的发展态势

中国毫无疑问已经成为全球最大的移动终端市场，人们可以随时随地自主地选择各类媒体。于是，传统媒体（报刊、广播、电视、图书等）就不得不与移动互联产生融合，形成各类所谓的融合媒体，适应并满足人们的视听、阅读体验需求。移动互联的基本特征是数字化，最大优势就是便于携带，具备交互性功能强大、信息获取量大且快速、传播即时、更新快捷等基因。以移动广播为例，搭上移动互联网的广播，使多向互动成为现实，受众可以在线收听，也可回放节目，并可以随时随地通过微博、微信等方式即时参与节目。与传统广播节目相异，移动互联广播更倾向于个性化、自主化的节目。

电视观众与传播机构的互动也因移动互联而更加灵活。电视用户在观看节目的同时，依然可以随时随地通过文字、声音、图像等方式，与电视传播机构进行互动与交流。随着各种美图、摄像技术的发展，移动互联网用户上传到网络上的照片、视频等也使原先传统媒体的受众身份转变为新媒体信息的提供者（User Generated Content，UGC）。全民参与的新媒体形式诞生。使视频移动客户端用户接受影响需注重"内容体验"，增加"娱乐性"，降低"风险性"，并提升"易用性"。

（二）社交媒体依然是新媒体发展的焦点，"分享经济"的媒体创意效应出现

移动无线使人类彻底解脱束缚，也成为未来媒体发展的必然趋势，世界将在移动观看中成其所是。但是从科技发展的现状来看，移动互联网完全超越有线互联网尚待时日。

不过，社会化媒体却非常迅猛地转移到无线互联网，借助移动终端的使用，使其利用率增幅远远高于桌面 PC 电脑。社会化媒体不仅融入了主流社会，而且如今可与搜索引擎、门户网站和电子商务相匹敌，并基于社会化媒体平台不断延伸出第三方应用，引发蝴蝶效应，带来各类崭新社会化商业变革。社会化媒体一方面成为人们进行有效交往的社交工具，改变着人们的社会资本；另一方面逐步被政府和企业组织体系所广泛应用，以提高其工作效率，并吸引应用开发商转移到社会化媒体的传播平台，研发各类用户所需的个性化的服务。这必定带动更多的投资汇聚到社会化媒体领域，使其成为新的产业增长点。

社会化媒体的商业策略与传统媒体迥异，其将以免费、搜索、移动互联、网络综艺、平台策略、认知盈余、权力终结、社交红利等方式取胜。各类"疯传"策略、蜻蜓策略（概括为 Focus+GET），即 Focus（专注）：确定一个以人为本、具体的、可测量、能让利益相关者乐意的目标；Grab Attention（赢得关注）：用一些私人的、出人意料的、发自内心的以及形象的内容，在嘈杂的社交媒体中赢得关注；Engage（吸引参与）：创造一种个人联系，通过同情心和真实性逐渐接近更深的感情层面，或者通过讲述一个故事，来拉近

与受众的心理距离，这种参与能使受众足够关心，从而促使他们想自己做点什么事；TakeAction（采取行动）：授权他人采取行动，可以将受众变成潜在顾客再变成队友。社会化媒体中的微信朋友圈信息流广告发展出现新的趋势。一是"转化率"问题，即对于微信广告来说，极高的广告投放成本如何转化为产品的销售额或者 App 的下载量，仍有待考量；二是"差异化整合营销"问题，即制定符合个性的创意，精准营销，并考虑用户体验与用户隐私。

更多公众借助社会化媒体平台分享自己的闲置资源，与他人共享资源。促成消费的"分享经济"商业模式不断涌现在教育、医疗、广告创意、培训、家政服务、租赁、二手交易等领域中，正颠覆着人们传统的消费观念，改造着传统社会各个领域，如交通出行、短租住宿、旅游等。

未来，用户自主传播的媒体创意效应将以更多的"分享经济"形式崛起，并向更多领域拓展。如餐饮外卖、家庭美食分享，一些闲置厨房资源也都将被盘活；建立在廉价劳动力基础上的中国快递物流，也将出现人人快递物流众包模式。用户自主传播的媒体创意效应因各类媒介技术的应用越发彰显其魅力。动态看待新媒体传播的发展，应从媒介技术、用户需求、媒介生态与资金投入四维度宏观分析，并结合传媒产业升级与转型的产业功能特性，同时关注媒体的社会整合功能（舆论引导、协调社会、娱乐大众、传承文化）。上述是未来媒体突破的靶向，这些靶向较为明显地预示了我国媒体未来的发展趋势。

（三）新媒体传播的融合发展态势已显现

从广义上来讲，媒介融合指的是一切媒介要素的汇聚与融合；从狭义上来讲，则是指媒介产业在媒介形态、媒介功能、传播手段、资本所有权、组织结构等要素方面所进行的聚合和演进。它既指代这些要素相互融合的过程，又指代新闻生产过程的融合，同时也指代新闻产品以文本、声音、图像、视频、数字等形式所呈现出来的信息服务方式的融合。

媒介融合这一概念也经历了从萌芽到成熟的不同阶段。第一阶段是媒介竞合概念的提出（媒介融合的萌芽阶段）。所谓竞合，指在竞争基础上的合作。在网络刚出现时，报纸、广播和电视既存在市场竞争中的对立关系，又相互学习，在组织结构、业务等方面还相互合作。将传统媒体与新媒体视为截然不同的事物，两者之间有竞争也有合作。第二阶段是媒介整合概念的提出（媒体时代向后媒体时代的过渡）。以原本清晰的传统媒介边界由于网络的出现开始模糊为起点，以传统媒介、网络、手机等融为一体为终点。在此阶段中，媒体的所有权、组织结构等融为一体，信息采集、新闻表达等互相渗透，终端、信息的数据编码、传输网络技术等也将走向共享。第三阶段才是媒介融合概念的提出（媒介融合的成熟阶段）。媒体融合的最终目的是重新聚集碎片化的受众，并建立新的受众群。所以，在新媒体传播发展的今天，媒介融合就显得越来越重要。

我国新媒体传播融合发展表现出以下趋势：

第一，公众号阅读量的剧烈下滑。现在很多公众号的阅读量都在持续下降，粉丝增长更是难上加难。在缺乏热点的情况下，一旦标题不够"内涵"、刺激，点击率便会跌落到让人难以接受。所以未来公众号的阅读量剧烈下滑将成为行业的痛点。

第二，新媒体传播中优质内容的稀缺。对于公众号来说，一个热点能激活数以万计的推送，只有极少数对热点有深度分析，而大多数是胡乱拼凑的"标题党"。无用信息在媒体上泛滥，接下来，新媒体"去粗取精"的速度还会加快，而原创和优质内容跟不上的新媒体就会成为首先被淘汰的对象。

第三，"原创内容＋运营"的价值更为凸显。所谓"加速淘汰期"，不是指公众号不能成功运营，而是需要更多、更精准的运营投入。在这个"流通为王"的时代，精耕细作的原创内容离不开运营，所以"原创内容＋运营"的价值才能凸显。

第四，音视频的异军突起。音频、视频、直播等内容形式更能让用户沉浸，所以制作精良且有创意的音视频节目会成为继爆款图文之后吸引流量的最佳手段。

第五，多平台、有侧重地投放。内容创业与流量平台是共生共荣的关系。新媒体的内容影响着平台的规模与影响力，而平台的分发能力也影响着内容传播的效果。同时，相较于个体而言，多平台有计划、有侧重地"智能分发"将成为获取流量和收入的最佳手段。

第六，从个体走向矩阵化。现在，新媒体账号的数量越来越多，仅凭借着个人努力迟早会碰到天花板。经营较好的账号几乎都由团队实行机构化操作，而且越来越趋于矩阵化。

第七，政策规范增多。政策的收紧可谓是新媒体最不确定的因素之一。政策的加强会使新媒体越来越趋于规范化。

第八，线上线下联动增强。从群众中来、到群众中去。新媒体也一样，从线下走到线上，再从线上走向线下，这也是新媒体发展的一大趋势。所以，在未来，"线上＋线下"的联动会越来越强。

第三节　新媒体传播的伦理

新媒体传播的伦理在当今信息化时代显得尤为重要。随着互联网和移动技术的迅猛发展，新媒体成为信息传播的主要渠道，其涵盖了社交媒体、新闻网站、博客、播客等多种形式。新媒体传播的迅速普及和广泛影响力，虽然为人们获取信息和交流观点提供了便利，但也带来了诸多伦理问题，亟须引起重视和规范。

第一，新媒体的即时性和广泛性使信息的传播速度空前加快，但信息的真实性和准确性却未必能得到保证。大量未经核实的信息通过新媒体迅速传播，极易造成误导和谣言的蔓延。因此，新媒体传播者应坚持真实、客观的原则，以确保所传播信息的准确性，避免发布虚假的信息。同时，受众在接受信息时也应具备一定的鉴别能力和批判性思维，理性对待和判断信息的真实性。

第二，新媒体的匿名性和互动性使言论表达更加自由，但也带来了言论失范和网络暴力的问题。匿名性虽然保护了言论自由，但也可能会导致部分用户滥用这一自由，进行人身攻击、诽谤和造谣等不当行为。网络暴力不仅侵害了个人的名誉权和隐私权，还可能对受害者的心理健康造成严重影响。因此，新媒体平台应建立和完善言论规范和监督机制，及时处理和惩罚违规行为，以此来营造健康、文明的网络环境。用户在发表言论时也应自觉遵守道德规范，并尊重他人的权利和尊严，避免对他人造成伤害。

第三，新媒体的商业化运作模式引发了广告伦理和隐私保护的问题。为了获取更多的流量和广告收入，一些新媒体平台可能会采用过度营销、虚假广告等不正当手段，来误导消费者。此外，新媒体平台通过收集和分析用户数据，进行精准广告投放，虽然提高了广告的针对性和效果，但也引发了对用户隐私权的担忧。用户的个人信息在未经授权的情况下被收集、使用甚至泄露，这严重侵犯了用户的隐私权。因此，新媒体平台应遵循合法、正当和必要的原则，合理使用用户数据，并采取有效的技术措施保护用户的隐私。用户也应增强隐私保护意识，谨慎分享个人信息，合理设置隐私权限，来防止个人信息的泄露。

第四，新媒体传播的内容丰富多样，但也存在低俗、暴力和不良信息泛滥等问题。部分新媒体内容为了吸引眼球，不惜传播低俗、暴力和不良信息，对社会风气和青少年的身心健康造成负面影响。新媒体平台应加强内容审核，杜绝低俗、暴力和不良信息的传播，并积极传播健康、积极向上的内容，引导受众树立起正确的价值观和行为规范。受众在选择和接受信息时，也应保持警惕，远离不良信息，自觉抵制低俗和暴力内容的诱惑。

此外，新媒体传播还涉及版权保护的问题。大量的原创内容在新媒体平台上发布和传播，但也伴随着侵权行为的频发。未经授权转载、抄袭他人作品的行为，不仅侵害了原创者的权益，还可能会导致版权纠纷和法律风险。因此，新媒体传播者应尊重他人的知识产权，依法使用和传播他人的作品，避免侵权行为的发生。新媒体平台也应建立健全版权保护机制，加大对侵权行为的打击力度，从而保护原创者的合法权益。

总之，新媒体传播的伦理问题关系信息传播的秩序和社会的和谐稳定。新媒体传播者应自觉遵守职业道德和法律法规，恪守真实、客观、负责的原则，避免发布虚假和不良信息。同时，新媒体平台应承担起应有的社会责任，加强内容审核和管理，保护用户隐私，打击侵权行为，为受众提供一个健康、安全、可信的传播环境。受众也应增强自身的信息素养和道德意识，理性对待和判断信息，自觉遵守网络文明，积极参与健康的网络互动，共同维护良好的新媒体传播秩序。通过各方的共同努力，新媒体传播才能更好地发挥其积极的作用，为社会的进步和发展作出贡献。

第四章　新媒体新闻传播与发展

第一节　新闻传播的内涵

当今社会的人们每天都会从各种渠道中获得大量的信息，其中多数是新闻传播出来的信息。可以说，当前新闻传播在人类日常生活中无处不在。

一、新闻传播的特点

新闻传播具有显著的特点，概括来说，这些特点主要包括以下几个方面：

（一）系统性

传播是一个系统，它具有一切系统所拥有的特征：复杂性、动态性、开放性、连续性等。首先，从单个的过程来看，传播的要素不仅包括传播者、受传者和信息，也包括传播的媒介以及其他噪声。传播者、受传者在传播信息和反馈的过程中受到本身的个性心理、知识经验、价值观及所属群体、组织乃至整个社会的影响；而传播的过程又将受到自然或人为的噪声的影响。因此，单个的传播过程并不是一个简单的过程，它与社会历史环境以及传播情境密切相关。其次，在现实社会的传播中，往往是许多这种复杂的传播过程交织、穿插在一起，它们彼此作用、相互制约，形成了一个庞大的信息传播系统。这个系统是一个复杂的过程集合体，各种信息在其中形成、变化、融合、消亡；同时，这个系统处于与其他的社会要素或系统你来我往、相互影响的过程之中。传播系统不断运动，随着人类的产生而产生，随着人类的消亡而消亡。

（二）双向性

传播是一种双向的社会互动行为。传播者将信息传递给受传者，受传者又作出相应的反馈，二者始终处于你来我往之中。即使在传播者传递出信息后，受传者沉默不语，那也是一种反馈的形式。在所有的传播类型中，人际传播和网络传播的双向性较强，而组织传播和大众传播的双向性较弱。尽管有强弱之分，但是双向性是每种类型的传播都必然存在的特征。

（三）目的性

传播带有目的性是由于传播主体——人的行为总是带有目的性。相对于动物而言，人类的传播行为不是某种非条件反射或条件反射，而是有意图的精神活动，是自觉的。通过信息传播活动，人类在一定程度上消除了不确定性和未知因素。人类的各种传播类型都有着一定的目的性和自觉性。

（四）双重性

这里指的是传播手段、工具和介质的双重性。传播的工具或中介是信息，它不仅包含物质载体——符号，也包括精神内容——意义，二者密不可分。符号是有形的、可感的，没有符号我们就无从知晓他人的意图；意义则是无形的、潜在的，没有意义传播就不会起作用，二者缺一不可。

（五）社会性

在传播学研究中，传播的主体是人，而人区别于动物的基本属性就是它的社会性，因此传播不可避免地会带有社会性。人的传播活动在社会中进行，它促成了社会关系的形成，又反映了一定的社会关系。如果没有人类社会，人们就不会相互交流、共同协作，信息就没有形成的条件和空间，那么就不会有传播；如果没有传播，人们之间就不会凝聚在一起，并形成某种特定的社会关系，那么也就不会有人类社会。一旦社会关系形成了，传受双方就处于一定的社会角色和地位之中，他们传达的内容、语气和神态就会反映出他们之间的社会关系。

传播具有时空遍布性特点，无时不有、无处不在，作为人类的一种赖以生存和发展的基本行为，其是极为重要的。

（六）共同性

共同性强调的是传播者和受传者对信息理解的共同性。没有接受者接受的传播是不完全的，也称不上传播。传播的完整过程是传播者先编码，将要表达的意义转化为符号，通过介质传给受传者，受传者再对符号进行解码，转化为自己所认为的意义。而编码和解码就是利用传播主体已有的符号系统、认知结构和知识经验进行的，也即为符号所代表的意义是约定俗成的。

如果要使传播顺利进行，这种编码解码工具就必须相同或者有交集，也就是说，传播主体对符号的解释要具有共同性。

（七）共享性

信息不同于物质，它能够在瞬间不断复制，及时传递给他人，自己仍然拥有。在传播过程中，一个人所拥有的信息在传递、交换和扩散后，不仅为他人所有，而且自己仍然保留。因此，信息的传播过程也是信息为传播者和受传者所共享的过程。另外，传播有着各种各样的类型，如口语、问题、图像等。人类的一举一动都伴随一定的传播行为——总是携带和散发着某种信息。因此，传播还具有一定的行为伴随性和贯穿性，人的各种动作、表情和言语都会向人传播特定的信息。

二、新闻传播的原则

正确合理的新闻传播原则对新闻传播活动具有重要的指导作用。概括来说，新闻传播的原则主要包括以下几个方面的内容。

（一）真实性原则

人类精神活动从根本上来说是为了认识世界并改造世界、发展自身，新闻传播活动自然也是这样。新闻传播在人们认识世界的过程中所起的作用，就是为其提供客观世界的信息，以消除人们认识上的不确定性，进而有利于人们去了解、适应、应对、利用和改造客观世界。人们只有在获得了关于世界的真实情况时，才能做出正确的判断，从而调整自己的行动。新闻传播的意义也正在于此。相反，如果新闻提供的不是真实的信息，它就可能会误导人们的思维和行动，给人们的生活制造混乱，造成精神和物质的损失，进而导致社会整体的失序。正因为如此，真实是人们对新闻的最基本的要求，因而传播真实可靠的信息、坚持新闻的真实性原则也就成为新闻传播者最基本的工作原则之一。然而，在具体的新闻传播实践中，由于种种原因，依然会出现虚假新闻和失实报道，这就要求进一步加大监督力度，从而改善这种损害新闻本原的不良现象。

（二）客观性原则

新闻的客观性原则是指新闻工作者要按照事物本身的面貌去报道。客观性原则包含两个相关的方面：一方面是指新闻传播者对事实的认知和判断的准确，我们知道，从哲学上来讲，所谓事实乃是人的实践和认识活动对象的客观存在状态，如果缺少实践能力，认识水平低下，文化知识缺乏，就不可能准确地把握事实，也就无法真实地报道事实；另一方面是指新闻传播者在报道时所采用的符号化手段能够准确地再现事实。新闻作品必须在何事、何人、何地、何时、为何、如何方面落实清楚。其中何事最为关键，是核心因素，因为新闻是事实的报道，先有事实后有报道，缺了"何事"，新闻就没有了对象和依据，根本无法成立。在新闻写作中，真实性原则要求语言文字的表述要准确，以确保与其所报道的事实完全一致。同样，电视新闻的制作也须力戒补录、补拍、嫁接和以导演的手法来"造"新闻，必须力求同报道对象的原来状态相一致。

（三）针对性原则

针对性原则是新闻传播必须遵循的一个重要原则，因为受众对新闻接受行为具有个体化特点，不同的受众个性不同，性别、年龄、经济状况、社会地位、文化水平、政治态度、宗教信仰、文化背景、性格气质、人生经历等都各不相同，对新闻的接受行为也不同，而且，人们接受新闻的具体目的也不同。这就要求传播的新闻要具有针对性。而新闻传播遵循针对性原则，就要具备一个重要的前提条件，就是要对不断变化的受众有较为充分的了解。多年来，我国新闻界对受众的了解不够，具体来说，可从以下三个方面得到反映。

第一，对受众的研究较为滞后。受众研究虽然用不着如新闻今日事今日报，但实际上有更高的要求，即要能预测。而中国目前的受众调查研究大量是滞后的研究，用以解释过去的多，而用以预测将来的少。

第二，对受众的认识较为模糊，感性有余，精确、科学不足。传者对受众的了解主要来自感性体验，容易模糊、片面。从 20 世纪 80 年代开始，受众调查研究进入了我国新闻从业人员的视野，科研机构和新闻机构陆续地进行了一系列受众调查，有了一批成果，也集结了一批专家。但从整体上来看，中国新闻界对受众研究并没有予以应有的重视，拍脑袋想当然的成分较大。中国受众研究水平还有待大幅度提高，某些新闻单位做的受众调查，从问卷设计到资料分析、调查报告的写作都有不规范、不科学的痕迹，有的甚至贻笑大方，因为新闻单位进行受众调查的人，往往是从记者编辑中抽出的非专业人员。新闻单位的不重视，也阻碍了受众研究市场的培育和发展。

第三，对受众研究的系统性和长期性较为欠缺。对受众的了解应该是个不间断的过程，并有专门的组织和人员予以保证。而当前中国的新闻媒体一般只到年关或改版等重大变更前才进行受众调查，有"临时抱佛脚"之嫌。国外一些新闻机构可以为我们提供一些可资借鉴的经验，将他们定期地请进来、走出去，并随时回馈传播信息，以供决策层利用。

"知己知彼，百战不殆"，只有对受众有充分的了解，才能够谈得上针对性，中国新闻受众研究科学化、系统化和长期化的道路还相当长，希望能够通过不断努力来改善新闻受众的研究。

（四）适量性原则

新闻传播中的适量性原则，主要是指新闻传播中的信息要适度，如果新闻信息过杂、过多，那么大量的信息接收活动会导致受众精神疲劳，带来"信息焦虑"和"消化不良"，同样收不到好的效果。要对适量性原则进行深入的理解，首先要对"不适量"进行了解和认识，一般来说，不适量主要表现在两个方面：一是信息量不足，二是信息过剩。

信息量不足主要体现在两个方面：一是异质信息不够，二是高质深层信息不够。异质信息不够产生的原因是中国新闻媒介习惯于顺大流，对新闻的选择以及分析，思考独立、视角独到的不多，从而导致同质信息累积，异质信息数量明显不足。高质深层信息不够产生的原因是新闻传播讲求快和新，不可能像进行科学研究那样充分挖掘高质深层信息，但受众对这类信息有大量需求。新闻传播者如果仅停留在表层低质的信息传播上，就会失去受众，其实质是对受众新闻信息知悉权的无形剥夺。高质量信息短少的原因有很多，或因被采访对象的阻挠、各种社会力量的干涉，或因传播者本身素质不够等。

信息过剩往往为新闻传播者所忽略，以为新闻信息越多越好。从社会各类信息的总体来看，信息要求丰富，新闻信息也不例外。但过剩也会带来负面效果，甚至抵消、冲击传播的正面作用，其主要体现在三个方面。

第一，导致同质信息出现过剩的情况。受众被反复刺激而处于麻木状态，甚至产生逆反心理。受众的心理承受是有一定限度的，他们需要不断的新的刺激，简单重复无异于在希求打动影响受众的同时给对方覆上了一层茧壳，我国典型人物和重大宣传就容易出现同质信息过剩的问题。

第二，受众的选择性受到大量新闻信息的影响。这一问题在网络传播时代将更为突出，网络技术提供了几乎没有边界的信息通道，各种信息良莠不分充斥在其中，受众在新闻信息容易获取的表象下，掩盖着难以选择和接受的另一面，从而引起信息的"消化不良"，并呈现出另一种形式的信息匮乏。这对新闻信息的选择、分类服务提出了新的要求。

第三，容易导致受众出现疲劳，并且导致传播效果不理想。有的电台盲目追求信息量，认为提高播音语速是良方，快则快，多则多，而不知受众到底听清多少、记住多少，导致播音员辛苦，听众也不轻松。

总之，新闻信息量要做到适度，不能太少，也不能过剩。但目前新闻信息量还没有恰当的可以量化的衡量指标，新闻信息量是否适度离量化还有相当一段距离，但只要新闻传播者有新闻信息适量原则的意识，并随时收集受众反馈，据此来调整新闻信息的量，适量传播还是可以做到的。

（五）社会公益原则

社会公益原则是由新闻传播的大众传播性质所决定的。新闻传播的服务对象是社会大众，新闻媒介长年累月不间断地传递着大千世界的各类最新信息，对信息内容和传播方式的取舍，必然影响着公众的认知水准和精神境界，从某种程度上可以说，新闻传播塑造着社会精神。坚持社会公益原则，对社会负责，其实也是对新闻媒介自身负责。如果新闻媒介败坏社会美德，终究也将败坏自己。

社会公益原则无论在什么意识形态的社会里，都是十分讲究的。我国公开强调这一原则，要求新闻传播无论是在内容还是形式上，都要健康向上，都要自觉维护党和国家的利益，维护广大群众的利益。这一点在我国诸多新闻工作文件规章中都有明确的规定。资本主义国家也强调这一原则，美国新闻自由委员会曾提出"现代社会对报刊的五项要求"，其中之一就是阐明目标美德。当然，在不同国家中，这一原则的出现方式是不同的，有的出现在新闻法规，有的出现在新闻工作者的职业道德准则，有的甚至是不成文的公认等，或者兼而有之。不管怎么样，社会公益原则是人类新闻传播的普遍性原则，需要严格遵循这一重要原则。

（六）时效性原则

时效性包括时新性和时宜性。时新性是指新闻报道要尽量缩短与新闻发生之间的时间差。具体来说，就是从报道的内容上来讲，新闻所反映的事实要新。这里的"新"不仅指事实是刚刚发生的，也包括对过去所发生的不为人知的事件的披露和发现。在时间的坐标轴上，每后一点相对于前一点都是新的，新的时间里发生的事件并不都可以（也无法都用来）作为新闻，往往是那些超出常规、不可预测且闻所未闻的事件更为新闻传播者所青睐，也更为新闻受众所期待。时宜性也称适时性，是指新闻报道在快的前提下，也要掌握火候，该压的时候要压一压，以在最适宜的时候传播来获得最佳的传播效果。

（七）受众最大化原则

受众最大化原则是指新闻传播要尽可能地吸引更多的受众。新闻传播虽然也可以通过人际、组织等形式传播，但现代意义的新闻传播主要以大众传播的形式来呈现。可以说，广大受众是新闻传媒存在的基础，失去这一基础，新闻传媒就如无本之木，无源之水。也可以说，广大受众是新闻传播的目的，以自身为目的传播对新闻传播来说是毫无意义的。

总之，受众最大化原则是新闻传播的内在要求，而且这一原则在新闻业务、新闻事业经营管理等诸多方面引起了一系列冲击。由此可以看出，受众最大化原则有着重要的作用和意义，因此，要求在新闻传播过程中一定要遵循这一重要原则。

三、新闻传播的功能

新闻传播具有显著的功能，概括来说，这些功能主要包括以下几个方面。

（一）政治功能

新闻传播政治功能最主要的体现为政治宣传功能。在实践中，现代新闻事业大多是由党政机关创办、经营的，即使有的新闻媒介没有明确的政治上的归属，但它的所有者一定有自己的政治倾向，并代表一定集团、组织和阶层的利益，这就使现代新闻传播在进行信息的传播过程中，不可避免地会将政治宣传作为其重要功能之一。

（二）经济功能

新闻传播的触角延伸到社会的每个角落，因而对社会经济的发展也有一定的作用。具体来说，新闻传播能够在一定程度上影响社会经济的发展，包括新闻传播会每日每时为社会公众提供大量经济信息、传播一些经济性评论及宣传和阐述经济政策以及分析经济形势的文章。与此同时，新闻产业本身是国民经济的一部分，以新闻传播为主要功能的新闻传播业如果能良性运行，对整个社会经济的发展都将有带动作用。

（三）教育功能

新闻传播能够向受众传递正确的社会价值观，这就是新闻传播的教育功能。这一功能有广义和狭义之分。广义的教育功能是指新闻传播所传播的内容是丰富多样的，它可以通过游戏的形式、娱乐化的内容来表现具有教育意义的事件；狭义的教育功能则指新闻传播能够直接传授知识。

在现代化的社会当中，新闻传播的教育功能能够发挥很大的作用，不像古人传递信息基本是口口相传，现代媒体多元化的发展为新闻传播发挥教育功能提供了良好的平台。人们在媒体上学习知识的比例越来越大，使得许多没有机会接受正规学校教育的人，都有了学习的机会，因此，其受到了人们的欢迎。

（四）舆论功能

1.新闻传播能够反映社会舆论

新闻传播会引起公众对新闻事件中人物以及事件的关注，公众的关注度高，所形成的意见和看法就会在短时间内形成社会舆论。现代社会的舆论方式主要是通过新闻传播来传达的，当然，除此之外，还有其他的一些途径，包括在公开场合的演讲、静坐、呼口号、举抗议牌等。但主要的方式还是通过新闻传播来传达意见，因此可以说新闻传播能够反映社会舆论。

2.新闻传播能够引发社会舆论

公众常会通过新闻传播来了解某些信息，并且在知道了某些事件后会对信息进行判断、比较和分析，然后形成自己的看法并发表意见。所以，新闻传播能够引发受众对某件事情的关注和讨论，最终形成社会舆论。

3.新闻传播能够影响和引导社会舆论

舆论在形成的过程中，也有正确和错误之分。在我国公众的言论是自由的，但是"自由"并不意味着没有限制，它也是在一定范围内的自由。公众的舆论同样如此，我们主张发表自己的意见和看法，新闻传播可以通过传播有选择性地刊登公众的意见，主动出击影响和引导社会舆论，使得媒体支持的意见迅速成为大多数人的意见，从而最终影响和引导社会舆论。

（五）培养社会角色功能

角色是个社会学概念，人们处于不同的角色要符合相应的角色规范。新闻传播社会角色培养方面的作用是非常明显的，这主要表现为新闻传播对角色的认知、角色的继续社会化及角色社会地位的授予具有重要影响。

（六）信息传递功能

传递信息是新闻传播最基本、最主要的功能。若新闻传播不能提供有用的信息的话，它就没有存在的必要。新闻传播传递信息的功能主要可以从以下两个角度来理解。

1. 从新闻行业的角度理解

新闻传播从产生到形成一个行业，是社会发展的必然结果。随着生产力的提高，商品经济的快速发展，使社会政治、经济、文化都发生了巨大的变化，人们需要在快速发展的社会中了解更多的信息，在这样的需求下，使新闻传播也不断得到发展。在经济全球化的大背景下，世界各国的人民都被紧紧地联系在一起，发生在世界其他地方的事件有可能就会影响到我们本地的生产和生活。因此，我们不能只将眼光局限于周围，而是应该多关注发生在其他国家的一些大事，这就是所谓的信息需求。人们通过了解社会中的一些大事，对关系自己生活、生产的工作能够及时进行调整，并及时地掌握最新的信息，以更好地适应社会的发展。在当今社会中，生产力水平大幅度提高，社会分工也更加精细，使得每个生产单位都不能盲目生产，必须在了解该行业、相关行业的整体状况的情况下才能有目的地生产，所有这些都导致人们出现了对信息的强烈需求。

2. 从受众群众的角度理解

信息的获取对他们自身的发展有着重要的意义，因为周围环境的改变会影响他们的切身利益。一方面，受众是社会中的人，生活在广泛的社会联系中，每天的生活和各种各样的社会因素息息相关。他们需要了解国家的方针政策及政府制定的相关文件，使自己在国家法定的政治范围内活动；需要了解市场变化、股市行情和银行利息的变动信息，使自己的经济利益不受损失；需要了解天气变化、医疗情况、养生方式等，以提高自己的生活质量。另一方面，现代社会是一个快节奏的社会，人们每天忙于工作和生活，独立的空间相对较大，与他人之间的沟通交流不是太多。因此，人们对传播的信息的依赖性尤为严重。

（七）提供娱乐和社会服务功能

随着电视的普及和新闻传播内容的丰富多彩，越来越多的人可以通过新闻传播来了解世界上各种各样的奇闻趣事和各国风土人情，新闻传播已逐渐成为人们消遣娱乐的重要途径。此外，新闻传播还为社会提供服务，如经济信息、天气预报等，满足了各界人士的需要。

值得注意的是，新闻传播除了有以上正功能外，也有负功能，有时候，一则报道可以既有正功能又有负功能。受众接受的是正功能还是负功能，这主要由两个方面的因素来决定：一是由传播者对新闻传播的社会功能的认识是否正确和对待生活的态度所决定的；二是由受众自身的世界观和对生活的态度所决定的。因此，新闻工作者的一项基本任务，就是要正确认识新闻传播的社会功能，使新闻传播避免或减少负功能的产生，并充分发挥新闻传播的积极作用。

四、新闻传播的效果

新闻传播的效果是指新闻传播活动在受众和社会中所产生的影响，这种影响的性质因判断标准不同而不同。

（一）新闻传播效果的类型

依据新闻传播效果的表现形式，可将新闻传播的效果分为显性效果和隐性效果。

1. 显性效果

显性效果是一种效果显著，而且往往能引起社会再传播，产生联动效应的新闻传播效果，它是新闻传播直接追求的目标，一般以受众反应强烈、反馈多、直接引起社会广泛关注和相关事件的解决为标志。一般情况下，事件性新闻、问题性新闻、批评性新闻、重大新闻、传播力度大的新闻等都容易产生显性的新闻传播效果。

2. 隐性效果

隐性效果是一种间接的、潜在的传播效果，它一般难以用量化的指标加以衡量，而主要通过知识积累、对人的思想潜移默化的影响、对国家和社会发展的影响等因素对社会形成长期的、巨大的且不容忽视的影响。

（二）新闻传播效果的产生

从新闻受众的角度来看，新闻传播效果的产生取决于新闻受众对新闻媒介的接触。而在这个过程中，受众对新闻信息的主动寻求至关重要，具体表现在以下两个方面。

1. 新闻受众对新闻内容的寻求

新闻受众对新闻内容的寻求，具体来说包括以下两个方面的内容。

（1）受众的选择性注意

所谓选择性注意，是指人们在接受两条以上的信息的刺激时，不可能平均分配注意力，而总是将注意力指向特定的一个对象，而离开其他的对象。

新闻受众在接收新闻信息时，也总是尽量注意或接触那些适合自己的需要且与自己的兴趣及观点相一致的新闻信息，而对那些不符合自己的需要，与自己的兴趣观点不太相干甚至相左的内容便尽力回避，或者将它们放在边缘的位置，甚至视而不见。实际上，这也是一个"要者优先"原则起作用的过程。这一点提示新闻传播者在新闻传播过程中，要力求传播者的"要者优先"原则与受众的"要者优先"原则吻合一致。

（2）受众的选择性理解

受众在接收新闻信息的过程中，会根据自己的价值观念、社会背景、思维方式和认知水平对所接触到的新闻做出自己独特的解释。

受众的解释与传播者的期望之间有着复杂的关系，其充满了多种可能性：有时候两者是一致的，而有时候是背道而驰的；有时候接收者是顺从的，有时候则是抗拒的；有时候接收者会重新建构新闻内容的主次轻重的顺序；有时候接收者则更在意传播者未尽表达的东西。

受众的选择性理解意味着接收了新闻也不一定意味着接受。在接触新闻之后，受众会根据自己的认识，对接触到的新闻进行归纳分析，做出各种价值判断。这时新闻信息所蕴含的意义可转变为受众自己经理解后所形成的意义。在这个阶段，受众会调动自己储存的所有经验、知识来参与理解活动，并判断新闻信息的意义和价值。这时受众的理解与传播的意图或一致，或不一致甚至完全相反。如果受众的情绪情感的因素、文化知识水平以及观念立场等，与新闻信息的编码方式及其蕴含的立场、观念相去甚远，乃至相互抵触，那么受众就不可能真正接受新闻信息，新闻传播这时候就没有效果或者只有负效果。因此，从受众接收新闻信息到产生传播效果的过程，应该是传播者与受众互动共商、达成默契和共识的过程。只有那些穿过种种障碍，最终进入受众的大脑，被受众根据自身的情况重新"编辑"并加以解码的新闻信息，才能称得上是有效果的。这时候，受众完成了意义的转换，新闻信息被受众不同程度地理解和阐释，并对受众自身的认识、决策和行为等实践活动产生了或隐或显、或远或近的影响。

2. 新闻受众对新闻媒介的寻求

具体来说包括以下两个方面的内容。

（1）受众依据自己的经验选择一种媒介

受众依据自己的经验选择一种媒介，就是受众在面对多种媒介时，会根据以往所积累的经验，直接寻找某一特定的媒介，以满足自己某一特定的需要。这往往体现了受众对具体的栏目内容与形式的信赖、偏好甚至依赖。

（2）受众依据自己的爱好与意愿选择一种媒介

受众依据自己的爱好与意愿选择一种媒介，就是受众会从多种媒介中选择一种，按照个人的爱好与意愿，比较不同的新闻媒介，从而选出能满足自己需要的媒介去接收。媒介既可以指不同的物质载体，也可以指不同的新闻传播机构。

（三）新闻传播效果的特点

新闻传播效果位于传播过程的最后阶段，它是传播过程中诸多要素的集合作用，是受众接收信息后所产生的某种变化。因此，新闻传播的效果具有以下几个方面的特点。

1. 层次性

不同层次的受众通过新闻媒介来获取新闻信息会产生不同的传播效果，这些效果有短期和长期之分、隐性和显性之别，同时效果的表现还有感知的、情绪的、行为的、知识的各种差异，因而新闻传播的效果具有层次性的特点。

2. 累积性

新闻传播效果的形成是受众在对大量信息的经常接触中逐渐累积起来的，短期的且强大的效果一般是不易产生的，因而新闻传播的效果也具有累积性的特点。

3. 恒常性

一般情况下，新闻传播的效果一经形成就不会轻易改变，受众一旦形成惯性就会抗拒某方面的信息干扰，因而新闻传播的效果也具有恒常性特点。

4. 内隐性

新闻传播效果产生于一系列的传播过程中，其核心部分以及效果的具体过程，都深藏于受众的内心深处，研究者对新闻传播效果的测评只能依据一定的方法和标准，因而新闻传播的效果也具有内隐性的特点。

（四）新闻传播效果的影响因素

新闻传播的效果会受到多个方面因素的影响，其中较为重要的有以下几个方面。

1. 传播者

在新闻传播效果的影响因素中，传播者是十分重要的一个。一般来说，新闻传播者主要由新闻事业的主办者、新闻传播活动的组织者和新闻媒介的经营者构成。

（1）新闻事业的主办者

新闻事业的主办者一般是新闻体制和政策的制定者，而新闻体制和新闻政策对新闻传播的效果又起着主导作用。

如果新闻体制和政策偏差，要求新闻传播大面积地取得良好传播效果就比较难。另外，主办者的权威性也是影响新闻传播效果的重要方面。

（2）新闻传播活动的组织者

新闻传播活动的组织者，主要是指从媒介总编、台长到普通采编人员这些新闻传播的直接操作者，他们的工作质量如何直接影响着传播效果。

（3）新闻媒介的经营者

新闻媒介的经营者指的是新闻媒介的广告、发行等人员。这些人对新闻传播效果的影响是间接的，但也确确实实地存在。一般来说，新闻媒介经营者的活动可以为传媒提供物质基础，如新闻工作者待遇高、传播活动所需的设备先进等，这些都是取得较好传播效果的必备条件。

2. 受传者

受传者是新闻传播效果最权威的评价者，会对新闻传播的效果产生多方面的影响。具体来说，受传者对新闻传播效果的影响主要表现在以下几个方面：

第一，受传者的个人特征不同，传播效果不同。

第二，受传者的需要不同，传播效果不同。

第三，受传者的选择性注意、理解与记忆等都会对传播效果产生一定的影响。

第四，受众对新闻传播的参与程度会影响到传播的效果，即受众直接参与新闻传播活动，使新闻传播效果有明显的提高。

3. 传播媒介

媒介是新闻能进行传播的载体，其对新闻传播效果的影响主要表现在以下两个方面：第一，媒介的特性会影响传播的效果。电视、报纸、广播、网络、手机等媒体都有不同的特点，因而即使是相同的新闻事件也会产生不同的传播效果。第二，信道质量会影响传播的效果。比如，若某电视新闻节目在播出时受到干扰，满是雪花点，或某条新闻在印刷时都是重影，受众根本无法收看和阅读，即使其内容丰富，表现技巧高超，也都无济于事。

4. 传播内容

传播内容是决定新闻传播效果的最本质的因素，传播者和受传者因素绝大多数是通过传播内容来实现的。因此，传播内容的选择必须遵循新闻传播价值标准。

5. 社会环境

影响新闻传播效果的社会环境因素，具体包括以下几个方面。

（1）经济环境

新闻传播的事实选择和观念要同社会经济能力相适应，与人民的实际经济水平相适应，否则传播效果就不好。从这一角度来说，新闻传播的效果会受到经济环境的影响。

（2）政治环境

新闻传播本身具有意识形态性，新闻媒介是社会舆论的工具，因此政治环境对新闻传播效果会产生重大影响。而且，新闻传播要想取得好的效果，就要求有相对开放、民主的政治环境。

（3）文化环境

任何国家和地区都有自己的文化传统、风俗习惯、宗教信仰等，新闻传播只有与其相符合才能取得良好的传播效果。也就是说，文化环境会影响新闻传播的效果。

五、新闻传播的过程

新闻传播需要一个过程，这是一个有序的运动过程。某一条新闻的传播，其起点是客观存在的新闻事实，终点是受众接受新闻信息并对信息进行反馈，其间要经过若干个先后有序的环节。新闻传播的过程，简言之，可以划分为选择事实阶段、转换事实阶段、信息接受阶段和信息反馈阶段四个阶段。

（一）选择事实阶段

新闻传播的起点是事实。事实原型即社会生活中不断产生和变动的各种各样的情况。事实是无限丰富的，应有尽有，然而，并非所有事实、任何事实都可以进入新闻传播领域。于是，在新闻传播过程之始，先由传播者对事实进行过滤，选取一些事实，舍弃一些事实。这就是新闻传播过程的第一阶段。在这个阶段，传播者对社会生活进行全面且深入的调查采访，仔细反复地分析比较，并根据新闻价值原理和新闻法规等，对客观事实进行一次又一次筛选，步步递进，最后确定可以而且应当付诸传播的新闻事实，即新鲜的、重要的、典型的、受众感兴趣的、具有个性特点和具体生动的事实。选择新闻事实的工作，参与传播的全体传播者都要担负职责，而处于采访写作第一线的记者则在其中起主要作用。

（二）转换事实阶段

选择好要传播的事实之后，新闻传播活动进入第二阶段——转换事实，即把新闻事实变成新闻成品。新闻成品就是经过报纸刊出或广播电视播出的新闻，即受众看到的文字、图像或听到的声音。在新闻传播的过程中，当传播者确定予以传播的新闻事实之后，便会把它写（制）作成新闻稿（片），立即让它变成符号或图像、声音，再通过某种工具传播出去。在现代新闻传播中，由新闻事实到新闻成品，都由参与传播的全体传播者共同完成，是传播者运用物质手段完成的。

（三）信息接受阶段

将事实转换为新闻成品之后，新闻传播活动进入第三阶段，即信息接受。这个阶段实际包含两个环节：第一个环节是传递。传媒把新闻成品传递给受众，使受众通过耳目感知，看到或听到新闻。第二个环节是受众的接受。在受众视听新闻成品后，了解和理解新闻所装载的信息，接受他想接受和能够接受的部分，使新闻产生相应的效益，从而实现其新闻价值。

（四）信息反馈阶段

传播学中的反馈，简言之，即受众把自己的视听反应回送给传者的行为及过程，或传者获知受众视听反应的过程。受众作为新闻传播的要素不可或缺，受众对信息的接受对于新闻传播过程不可以没有，这就明确地规定了，真正的新闻传播不会没有反馈这一环节。事实正是这样，完整意义上的新闻传播，其某一相对独立的行为过程，即某一新闻事实的传授过程，总是有传递有反馈，并且传递在前，反馈在后，反馈如影随形紧接着传递而发生，它们相互依存、相互作用，既联系传者与受众，使传播活动成为一种双向传递的互动现象，又协调传者与受众，使一个传播过程得以由始至终。

反馈在整个新闻传播中起纽带和关键的作用。整个新闻传播，乃是一个个相对独立的传播行为的连接与延续，由一个相对独立的过程到另一个相对独立的过程，周而复始，从不中断，于是构成了整个新闻传播的长河。这条长河不是无序散乱的，而是有次序成系统的，前一个过程要开启后一个过程，后一个过程也要承接前一个过程。反馈，正是保证新闻传播的次序的重要因素与手段。在新闻传播中，传播者研究并借鉴前一行为过程的得失，通过受众研究、效果研究、民意测验等方式，来获得准确的信息反馈，并据之调整和改变传播的内容与方式，扬长避短，去其不适，从而确保新闻传播达到预期的效果，前后一以贯之。

第二节　融媒时代新闻传播的介质

随着互联网等数字新媒介的迅速发展，传统媒介一统天下的局面早已不复存在。各种新兴媒介层出不穷，它们在对传统媒介造成极大威胁的同时，又凭借着数字技术和多媒体技术的广泛应用使新闻传播媒介之间的界限慢慢模糊，而且呈现出融合的趋势。

一、纸质媒介研究

纸质媒介也称为印刷媒介，是所有以印刷为复制手段的媒介。

（一）纸质媒介的常见类型

1. 书籍

书籍（这里的书籍包括使用各种材料的、刊载文字图画等各种符号的装订册）最早出现于中国，因为中国最早有印刷术。868 年，中国已开始印刷佛教教义《金刚经》，这是世界上有记载的第一本书。欧洲印刷术起初也是用于印制书籍，传播思想和知识，书籍推动了文化和教育的发展，促进了文艺复兴和思想启蒙运动。

与其他印刷媒介相比，书籍容量大、内容专，既适于传播系统化的知识，又便于探讨深奥的理论，还有保存和查阅方便的长处。但书籍的出版周期长、成本高、广告少、价格贵，因此书籍不宜刊载时效性强的内容。

2. 报纸

报纸是以刊载新闻和时事评论为主的定期连续向公众发行的散页出版物，报纸的出现意味着人类新闻事业的开端。报纸作为最早的大众新闻传媒，是资本主义经济发展到一定历史阶段的产物。

（1）报纸的分类

根据不同的分类方式，报纸可以分为不同类型。下面介绍几类基本的分类。

①根据办报方针进行分类。

根据办报方针，可以将报纸划分为以下三类。

党报是指党和政府指导各项工作的重要舆论工具，是旨在为教育群众、引导社会舆论和维护政府权威及其良好形象的报纸，是党和政府系统的有机组成部分，如《人民日报》《解放日报》《新华日报》《大众日报》等。

都市类报纸是指对都市和城市中新近发生的事实进行报道的报纸，如《扬子晚报》《新民晚报》《新京报》等。

专业性报纸是指对专业领域或行业内部新近发生的事实进行报道的报纸，这类报纸往往受众的针对性较强，如《农民日报》《工人日报》《人民铁道》《中国电力报》等。

②根据报纸传播信息领域进行分类。

根据报纸传播信息领域，可以将报纸分为很多种，常见的有以下几种。

经济类报纸是指报道国内外经济发展动态，以及经济领域新情况、新现象和新问题的报纸，如《经济日报》《21世纪经济报道》《第一财经日报》。

时政类报纸是指报道国内外时事政治和世界各国政治局势发展动态的报纸，如《人民日报》《环球时报》等。

娱乐类报纸是指报道国内外娱乐活动、明星动态等信息的报纸，如《中国电影报》《舞台与银幕》等。

体育类报纸是指报道国内外体坛盛会与体育界发展动态的报纸，如《体坛周报》《足球报》等。

法制类报纸是指报道法制发展变化情况和问题的报纸，如《法治日报》。

生活服务类报纸是指以人民群众日常生活中衣、食、住、行等需求为报道对象，以提高人们的物质和精神文化生活水平的报纸，如《美食导报》《精品购物指南》《房地产时报》等。

以上是报纸的几种分类方法，此外还有其他分类方法，如按照报纸刊登的期数分，还可以分为日报、周报等，因篇幅有限就不再一一赘述。

（2）报纸的功能

报纸具有显著的功能，概括来说主要包括以下几种。

①传播知识，提供教育。报纸最大的好处，就是它每日都能干预运动，能够成为运动的喉舌，能够反映丰富多彩的每日事件，且能够使人民和人民的报刊发生不断的、生动活泼的联系。报纸上的新闻信息既包括全世界各领域、各行业的最新情况和最新成果，也包括人们日常工作和生活中各个方面的变化。读者在阅读过程中的收获很多都是学校教育所没有的，而且报纸中这些内容的信息量远比教科书要丰富得多。当然，由于报纸面对的受众教育水平参差不齐，因此在传递信息时，要尽量使用大众化和通俗化的语言表达方式，以便使广大读者都能清晰而准确地理解新闻信息的内容。

②传播信息，沟通情况。报纸传播的基本目的就是传播信息、沟通情况，把新近发生的事实以最迅速的方式告诉给读者，让读者能及时了解客观世界的变化和发展。针对社会上存在的新问题、新情况、新现象，报纸不仅要对表象进行反映，还要通过解释性报道、调查性报告等形式，透过现象来挖掘潜藏着的事实的本质。报纸不仅通过刊载新闻的方式来传递信息、沟通情况，还可以通过评论的方式来透露一些新信息，如党和政府的新指示和新精神等。读者也可以通过报纸开设的评论专栏来发表意见，有利于让各种观点都

能够得到很好的交流和沟通。

③进行宣传，引导舆论。报纸具有非常强大的宣传作用，它通过信息传播，使读者了解现阶段党和政府的路线、方针、政策和基本决策，并引导读者往正确的方向前进；使读者认识到目前国家政治和经济发展的现状、努力的目标以及社会理想，团结全国各族人民为实现共同目标而努力奋斗；使读者认识到国家的法治建设、民族政策和宗教政策，促进读者建立社会主义荣辱观，维护社会治安，并保障国家的安定团结；使读者树立起正确的世界观、人生观和价值观，在平时端正言行，做到自律和他律，从而做到物质文明和精神文明相结合。

要发挥报纸的宣传作用，就必须通过反映、影响和引导舆论来实现。报纸可以通过加大报道力度，使更多人关注某一新闻事件发展的动态，起到议程设置的作用，从而形成新的舆论，并对受众的思想和行为产生影响。除了引导舆论外，舆论监督也必不可少，报纸能够对政府施政、个人言行和其他社会现象进行监督，有利于维护社会安定和公共秩序。

④刊登广告，获得利润。报纸的主要经济来源是广告，刊登广告有利于实现报纸、广告商和消费者的"三赢"。报纸通过刊登广告收取广告费而获得经济收益；消费者通过接受广告信息形成消费行为并且满足其需求；广告商通过刊登广告，可以让消费者在最短的时间内接触产品，从而提高购买率，而且报纸的传播范围很广，有利于提高广告商产品的宣传力度。需要注意的是，报纸在刊登广告时要注意社会效益和经济效益的统一，要对广告严格把关，防止不良广告进入流通渠道，而影响消费市场。

⑤提供娱乐，陶冶情操。随着物质文化生活水平的提高，人们对报纸的服务性和娱乐性有了新的需求。报纸的专刊和副刊就承担着服务和娱乐的主要任务。报纸上刊登的漫画、连载小说、生活休闲类和娱乐界新闻报道等，都能让读者感受到轻松和愉悦。现在针对丰富日常生活的报道也越来越多，如报道休闲娱乐、购物旅游、居室装修、卫生保健、服饰化妆、烹饪美食等内容，同时还包括大量生活消费方面的热点、时尚等，这些服务性的报道既有利于提高人们的生活质量，还有利于丰富全民的精神生活。

（3）报纸的优势

报纸作为现代社会生活中举足轻重的新闻传播媒介之一，有其独特的优势。

①易保存，有利于流传后世。在手抄文字时期，人们为传递信息，采用很多传播载体。在我国古代，相继出现的文字记录载体就有甲骨、青铜器、石刻、简册、缣帛、纸等。这些载体有的价格昂贵，有的体积庞大，而且很多材料无法长久保存下去，且流传范围有限。报纸则有轻薄、价廉的优点，特别是后来印刷术的出现，使文字一般不容易褪去，容易保存，甚至能流传于子孙后代。

②刊载的新闻具有深广性。报纸的报道内容既可简明扼要、点到为止，又可以详尽分析、展开述评，体裁也包罗万象。

③阅读选择比较自由。报纸是非线性的传播模式，一份报纸在手，受众对于某个板块、某篇报道，可以选择看或不看、先看或是后看、详看或是略看，受众不需要根据编辑的思路，顺着他人安排的路径去接收信息，也不必去看大量不感兴趣的版面，没有时间的限制，甚至可以将报纸寄存，等闲下来之后再安排时间阅读。相较于稍纵即逝且无法避开广告的广播电视来说，报纸对于读者在阅读体验上的感受，是要好得多的。

④携带方便。报纸不受时空范围的限制，读报时间和读报地点可以由读者自由掌握和控制。读者可以在地铁、办公室、家里和公园里读报，可以在一天之中的任何空闲时候读报，在这一点上读者的主动性很强。

⑤阅读率比较高。报纸具有稳定的物质形态，以纸张作为载体，以文字记录信息，读者看得见、摸得着。相较于口耳传播，信息能够以确定的形式被记录下来，也可以被反复阅读，甚至作为资料收藏，多年之后依旧具有阅读价值。麦克卢汉曾说，报纸就像口香糖一样，具有反复品味的魅力。此外，报纸价格低廉，又多以散页形式呈现，便于分享且传阅率较高。

（4）报纸的局限性

随着科学技术的进步以及人类新闻传播事业的发展，在报纸之后出现了广播电台、电视台和互联网等传媒，与这些大众传媒相比，报纸存在一定的局限性和弱点。

①对读者的文化程度要求高。报纸是以印刷文字的形式向读者传递新闻信息的媒介，这意味着它对读者的文化素质有一定的要求。没有接受过教育，目不识丁的受众是无法阅读报纸的，而文化水平较低的读者可能会对报

纸上的信息出现误读或错读的问题，最终导致新闻传播没有朝传播者预期的方向发展。因此，报纸的受众必须接受过一定的教育，并且对报纸传递的新闻信息有能力正确理解。

②与电视的声像一体相比，略显枯燥。报纸传播新闻信息的方式是依靠文字和图片，内容呈现渠道比较单一，相对于电视的声形并茂来说，其显得过于静态和枯燥，倘若信息量相同，受众自然愿意选择声像俱美的电视传媒。

③时效性偏弱，传播不够广泛。与手抄时期的传播比，印刷报纸突破了时空限制，能够在较短时间内把大量信息传播到千家万户，而广播电台、电视台和互联网在时效性上更加迅捷，现场直播、实况播映等方式使受众能在第一时间清晰地感受到来自世界各地的重大新闻事件。相比之下，报纸受到工作程序的影响，不可能实现现场直播，因此在时效性和传播范围上的优势并不明显。

④容量受限制。报纸的容量很大，但是要受到版面空间的限制，而网络有无限宽广的内容空间。

⑤与网络相比，互动性不够强。报纸和读者之间的联系，可以通过读者来信、读者座谈等形式来实现，报社编辑部通常通过这些形式来接收反馈信息，以便更好地调整自己的版面和报道内容，但这种方式耗时长久，而且效果不是很好。尤其是与双向互动性非常强的网络媒介相比，报纸传受双方的互动性并不强。

3. 期刊

期刊又被称为杂志，有一定的刊名，可连续出版，出版周期一般在一星期或以上，一年以内。

期刊的出版周期比报纸长，在时效上不如报纸，但期刊时间的相对充裕使其对同一事件的材料收集和分析、写作，可以更充分、深入、精到。在报纸进入"厚报时代"以后，期刊的这些长处又日益被厚报吸纳。但期刊仍可利用其受众面窄、针对性强、内容选择精、印刷质量高、保存和查阅方便等特点，保持相对优势并开拓新的领域。

（二）融媒时代的纸质媒介

传统报纸的劣势在于其囿于截稿时间和排版、印刷等环节，新闻传播的时效性较差。新闻信息只能通过文字、图片等静态符号来展现，现场感和生动性不够。互动性表现出间接、延时的特点，互联网显然可以弥补传统报纸的弱势。这就需要报纸媒体树立开放的心态，积极与互联网展开合作，并借助网络力量，来提升传播能力。

1. 报网互动

"报网互动"是近几年媒介领域颇为流行的一个词。报网互动是指报纸与网络发挥各自的优势，展开多层面的合作与互动。报纸建立自己的网站，依托网络平台，优化新闻报道流程，这是报网互动的前提。报网互动主要有四个层次：第一个层次是纯技术层面的互动，即报纸利用网络平台发布信息产品，这也是最为初级的报网互动；第二个层次是内容层面的互动，即新闻生产环节的互动，这是报网互动当中最核心的内容；第三个层次是发行、广告层面的互动；第四个层次是品牌层面的互动，其中包括大型媒体活动中的报网互动，以及媒体品牌传播、体制创新中的报网互动，其建立在前面三个层次的基础之上。

2. 全媒体再造

网络技术和新媒体的发展使媒介呈现融合的趋势。不少传统媒介在转型的过程中，提出了"全媒体"的概念。全媒体，顾名思义，即突破媒介界限，建立在整合和融合基础之上的，能综合运用多种表现形式进行新闻传播的综合性媒介平台。从其内涵来讲，全媒体不只是指人们直接能感受到的传播内容的多媒体表现，而且应该包括全媒体观念、全媒体采编、全媒体经营等内容。

就报纸媒体而言，全媒体战略就是打破传播介质和表现形态的束缚，并利用互联网、移动终端等新媒体技术，改变原有的单一纸质媒介传播方式，将新闻传播延伸至其他载体，从而建立组合式的、跨媒体的内容发布平台。

在全媒体理念之下，报纸记者不再只是文字记者或摄影记者，而是全媒体记者，即能熟练使用多种采访工具和采用多种报道方式来完成报道。

全媒体的新闻制作方式，必然要求媒介组织建立新的新闻采编流程，采集新闻素材，然后根据不同受众的接受特点进行加工，制成不同的新闻产品，最后通过不同的传播渠道（媒体）传播给受众。

二、电子媒介

电子媒介是利用电子技术，以电磁、电光、电子、微电子等为介质，大都通过无线电波或导线进行传播的媒介。

（一）电子媒介的常见类型

1.广播

广播是通过无线电波或导线向广大地区传送声音的新闻传播媒介。无线的广播有调幅和调频，调幅有短波、中波和长波。新时期，伴随着数字化的蔓延，数字化广播也逐渐出现，并以其抗干扰、高保真、便于储存、可通过网络传输、可附带文字和图像等优势，代表着广播新的发展趋势。

（1）广播的优势

作为一种新闻媒介，广播具有以下几个方面的优势。

①传播快捷，时效性强。第一，广播开创之初，其主要功能还是以娱乐和商业广告为主，直到第二次世界大战前夕，由于人们急于获知战争情况，广播的快捷特点满足了人们先知先觉的需求，于是广播新闻得到了空前的重视；第二，广播是以电波为载体，电波的速度为每秒30万公里，相当于绕地球七圈半，传播到收听者的时间差几乎等于零；第三，广播新闻制作手续简单，可以免去报纸排版、印刷、折叠、运输等多项工序，加快了新闻的流通速度，加大了新闻节目的容量，加速了新闻的时效；第四，广播新闻的"滚动式"传播使其"快"的优势得到了充分发挥。就总体而言，现在电子新闻传媒报道的时效性高于印刷媒介，而在电子媒介中广播又快于电视，这是广播的最大优势，因此，在事实无误且观点正确的前提下，广播电台要争取做到"先声夺人、贵在神速、分秒必争、以快取胜"。

②声情并茂，感染力强。报纸传播信息主要依靠文字符号（兼有静止照片或图画）。文字符号尽管也作用于人的视觉器官，但它不是直接的形象，它主要通过阅读转换成有声语言，然后经过联想才能获得事物的形象，从而深刻理解事物。

广播是唯一诉诸听觉而非视觉的大众传播媒介，传播信息的载体只有声音符号，包括各种音响及有声语言。声音符号作用于人的听觉器官，人们可以通过音响和有声语言较直接地理解传播的内容。它可以省掉文字符号转换成语言符号这道"工序"，传播起来比较直接。俗话说："闻其声如见其人。"

这说明声音具有很大的传真性，它比文字的表现力更直接、传神，声音本身具有丰富的形象性，可以表达人们的各种情感和气氛，如喜、怒、哀、乐、惊恐、无畏、紧张、轻松、诚恳、虚伪、粗暴、亲切、踏实、轻浮、爽朗、忧郁、热烈、沉闷等，声音的传真性使得听其声如见其人，听其声如临其境。

声音的不同处理和运用本身也可以表达出许多平面文字所无法传递的信息。比如声情并茂的播讲，播音员或节目主持人包含情感地传播信息，通过其嗓音、语音、语调、语速、停顿、轻重等的变化处理，其感染力和鼓动性绝非平面文字可比。

③手段多样，参与性强。广播是传播声音符号的，而声音符号的生产较之于图像符号和文字符号都要容易操作。广播可以借助电话、手机、网络等新技术平台来完成声音符号的生产，并形成多样化的传播形式，如开通热线电话，推出适时播报，为听众直接参与广播创造机会，使得广播在一定程度上可以体现出一对一人际传播的亲和力，使传受双方在互动中实现同步交流和共同分享。

④覆盖广泛，渗透力强。这是广播的电声特点派生出来的优势。广播用电波作为载体传播，现在更与人造地球卫星结合，其电波几乎可以笼罩全球，可以说，大部分人口都能成为它的传播对象。具体来说，广播传播的广泛性可以由以下几个方面体现出来。

第一，广播传播容易接受。广播使用有声语言传播信息，受众不受文化水平的限制。广播是面向全体人民的，从学龄前儿童到年逾古稀的老人，从文盲到教授，只要具备听觉能力，都可以成为广播的传播对象。

第二，广播传播超越国界。广播以电波为载体，可以超越国界长驱直入。不少国家在开展对外宣传时，首选的新闻传播媒介就是广播，因为它能运用电波、卫星和多种语言同时传播新闻信息和思想观念，是国际外交宣传乃至对敌人进行威吓的强有力工具。与此同时，国际广播也成为各国人民之间加强沟通与交流、促进相互了解的友谊使者。广播的这种特殊广泛性是其他传媒难以做到的。

第三，收听限制少。广播覆盖广阔，不管天南地北、高山海洋、平原沙漠、城市乡村、居室内外、田间地头，广播都能到达，并能同时传到四面八方，受众可以同时收听。特别是在发生地震等自然灾害的区域，当交通不便、接收电视信号困难时，广播具有其他媒体难以企及的优势。

第四，广播信息的容量大。广播新闻1分钟大约播出240字，一条消息一般在1分钟左右，短小精悍、概括性强、信息集中、要点突出、言简意赅、内容丰富，以及播出时间长、多波段、多频道，可供听众自由选择、各取所需。

第五，广播具有伴随性特点。广播在传播的过程中只需调动人们的听觉器官，所以人们在听广播的同时还可以从事其他活动，比较典型的是城市交通广播和音乐广播，收听对象主要是驾车的司机。广播可以让旅途不再单调，即使堵车也不会难以忍受。此外，一些老年人也习惯在晨练的时候收听广播，接收信息。这种伴随性的特征是广播特有的，既能提高人们的时间利用率，又能在不知不觉中让信息被听众接受，从而实现其传播效果。同时，因为广播制作技术的特点，可以实现较强的互动性，听众可以直接打电话与播音员进行交流，就某个问题发表自己的观点，这也是对于电子媒介的强势传播者地位的一个突破。

（2）广播的劣势

与此同时，广播传播也具有一定的劣势，包括以下几个方面。

第一，有时序。节目按编排的时间顺序依次播放，只能被动地按顺序收听，不能自由选择、跳过不想听的内容。人各有异、"众口难调"，播放顺序难以符合所有人的口味。

第二，易逝。电波转瞬即逝，受众难以仔细识记、推敲和思考，难以复听和保存。

第三，不便于表达深刻、复杂的内容。电波与语音的易逝，以及语音的模糊、一音多字，使其在传播数字性和抽象、深刻、理论性内容方面远不如文字。

第四，在接受时比较消极。语音不如文字更能调动受众的思维和想象。

（3）广播新闻的发展趋势

广播原是20世纪上半叶现代高新技术的产物，诞生之初曾经引起世界轰动，尤其是经历了第二次世界大战的洗礼，广播迅速拥有了庞大的听众群体，当时其在人们心中的地位似大有取代报纸之势。自进入21世纪以来，在全球化趋势日渐加深、媒介竞争日趋激烈、受众要求越来越高的形势下，广播——作为人类社会最早出现的电子媒介，一方面正受到电视、互联网等传媒的强烈冲击，其影响力不可否认正在减弱；另一方面，世界政治、经济、文化等事业的不断发展，尤其是科技事业的快速进步，为广播的可持续发展带来了机遇和物质基础。广播因此也受到了人们的极度关注。

①受众个性化。未来受众需求逐步多样化和个性化，他们希望以一种更加简便、快捷的方式来获取与自己兴趣爱好相符合的信息。未来广播的受众划分并不以年龄为标准，而是细分到一般节目类型下的某些更细微的类别，这样听众会根据喜好和实际需求各取所需，电台频率同样细分到如专门提供交通新闻、财经新闻、气象预报、娱乐新闻等的专业频率。

在节目类型细化的基础上，未来广播还能够为听众提供更加个性化的服务。听众可以根据自己的喜好选择特制的节目内容，并依照自己的现实需求获取最新的实时资讯，实现一对一的传播，这是一种受众主动选择的过程。数字化音频技术的发展和通信技术的逐步完善已经为这种个性化服务的实现提供了途径。

②内容本土化。全球化的逐步扩大，带来的是"地球村"式的信息共享，人们比以往更容易接触到外部的信息。广播作为一种收听方便、信息传递快且对受众文化水平要求较低的媒介，在及时发布本地新闻信息方面具有其他媒介无法比拟的优势。随着未来社会信息化程度的不断加深，广播无疑会发挥其媒介优势，因为它能及时、准确地向受众提供当地的新闻资讯、法规政策、交通路况、商品贸易、气象服务等信息，并发挥重大作用。

③途径多元化。数字音频技术可以将广播节目放在网上，受众可以自己挑选想收听的节目，这改变了传统广播节目的易逝性和接收方式的单一性，使得新闻传播的方式更为灵活。另外，数字音频技术的不断发展还可以实现"广播博客"的服务项目，通过数字交流平台，任何人都可以将自己的"电台"节目传递给其他受众。可以说，未来的广播媒体将是一个大型的信息库，它通过各种途径向外传播信息，同时也是一个信息交流的平台。

从世界新闻传播媒介的发展历史来看，任何传媒的存在和繁荣都有其合理性和必然性。广播的优势是其电子媒介固有特性派生而来的，它为广播在媒介发展进程中拥有自己的优势地位奠定了基础，但同时派生而来的是其不可避免的弱点，这一弱点使得广播在后来与新兴传媒的竞争中处于弱势地位而受到威胁。在受众要求越来越高的今天，对于广播来说，机遇与挑战并存。如何抓住机遇、迎接挑战、战胜困境是广播媒介研究者、经营管理者和节目制作人共同关注的课题。为了生存和发展，他们正在不断利用人类创造的科技文明，来弥补广播的弱项，通过加强与其他传播媒介的融合，在创造传播新形态、发掘传播新特点等方面不断挖掘自身潜力，去开拓广播的新天地。

2. 电视

（1）电视的优势

电视传播具有显著的优势，概括来说主要包括以下几个方面。

①传播迅速且及时。电视以电波为载体来传输视频信号，传播速度很快。它与广播一样，可以进行现场直播，同步反映新闻事件。

②渗透性强，覆盖面广。由于电波的穿透能力极强，加之接收条件简便，因此只要电波可以达到的地方，都能收到电视节目。另外，观众也不受文化水平、年龄、性别和职业的限制，视听觉正常的人都可以成为电视的受众。

③视听兼备，亲切可信。电视以传送声音符号和图像符号而诉诸人们的听觉和视觉，这就使传播的信息更为具体可感。因此，电视特别适合报道现场感强且有视觉冲击力的新闻。

（2）电视传播的劣势

电视虽然具有上述独特的优势，但也存在一些明显的不足。

首先，电视以声音符号传播信息，但声音符号看不见、摸不着，转瞬即逝，因而保留性差；其次，电视是线性传播，所播节目的时间通常是固定的，受众只能按照时间顺序来看，无法对节目的内容和收视方式进行选择，因此选择性差；最后，想象性差。观众可以通过电视播放的信息，直接感受到客观事物，而无须展开联想和想象，这就极大地削弱了受众参与形象再创造的积极性。

（3）电视新闻的发展趋势

如果说声像一体的感性化与传播时效的即时化是传统电视区别于其他媒介的传播特征，那么在数字化技术日益成熟的今天，电视新闻的传播手段将呈现出多媒体化的发展趋势。所谓多媒体化，是指在数字化平台上，文字、语音和图像都可以转换为数字信号，使各种媒体功能可以相互兼容，单一的媒介将逐渐被多媒体取代。从技术发展历程来看，媒介形态的演变是依次递进、独立发展的。在未来的信息系统中，电视媒介将从信息接收的终端转化成为信息传输网络的中枢，并成为多媒体的一个呈现方式，电视机的界面将既是计算机的界面，又是报纸、广播的界面，而且可能是人机对话的界面，通过它人们可以接收各种视频、音频或是文本形式的新闻、娱乐内容，能查阅图书、资料，还可以和任何其他地方联系，并享受电子商务、数据下载以及视频点播、电话、传真等多样化的服务。就目前而言，跨媒体运作，如以电视为基础传播平台，综合利用报纸、广播和互联网的独特优势对新闻事件展开综合立体式的报道，已经在媒介传播实践中得到广泛运用。同时，新的传播方式和媒介形态，如数字电视、移动电视、宽频电视、互动电视、手机电视、卫星电视和分众电视等，已经出现并逐步投入传播实践中。

（二）融媒时代的电子媒介

广播电视的缺点主要是线性传播，播出内容瞬间即逝，很难回放和保存。借助互联网，广播电视完全可以克服自身的弊端，为受众提供多样化的选择。广播电视媒体利用互联网来改造自身新闻业务，使传播形式多样化，从而提升新闻传播的影响力，其路径与报纸媒体是类似的。广播电视媒介与其网站"台网互动"主要体现在以下四个方面。

1. 利用网络进行话题征集和讨论

中央人民广播电台的《神州夜航》栏目经常在中国广播网的论坛中向听众预报近期将在节目中探讨的话题，并邀请听众加入论坛对该话题发表看法，到节目正式播出的时候，听众的观点便会出现在节目当中。

2. 实现节目的在线收听（看）和按需点播

利用网络音视频技术，在网络平台上实现节目的在线收听（看），方便受众在不同场合的视听需求。网站可通过建立节目库的方式，将节目内容按时间、栏目、主题等分类上传至网站，以方便受众检索，按需点播。

3. 建立主持人博客

主持人是广播电视媒体的一项重要资源。很多受众对节目的关注往往是因为某位主持人的独特魅力。在传统的广播电视媒体中，人们看到、听到的只是主持人台前的形象或声音，却无法获知主持背后的故事以及主持人更立体、真实的形象，而主持人在播出节目时面向的也是"心目中"的受众，并不能准确地把握受众的想法。博客无疑是拉近主持人与受众的重要渠道。

主持人在博客中讲述自己的工作和生活，与受众分享思想观点，实现与受众的互动，受众也可以在博客中留言，提出他们的期望、建议和想法。

4.强化文字的传播作用

在传统广播电视媒体中，人们主要通过声音、画面和解说来获取信息，文字的传播力是较弱的。利用互联网，广播电视媒体可以将节目文稿上传至页面，供有需要的受众参考。有的广电媒体网站还推出电子杂志，体现了全媒体的理念。

三、新媒体

"新媒体"相对于"传统媒体"而言，是一个内涵和外延都不断发展与演变的概念。综合国内外学术和产业界的概念界定及产业分析，笔者认为，新媒体是以数字技术、通信网技术、互联网技术和移动传播技术为基础，为用户提供资讯、内容和服务的新兴媒体。新媒体主要采用数字压缩技术（包括数字压缩）、网络传输技术和卫星通信技术，这些技术发展的速度和方向决定着新媒体发展的速度和方向。根据媒体表现形式的不同，新媒体可以分为互联网媒体、电视新媒体和手机媒体三类。

（一）互联网媒体

互联网是一种把众多计算机网络联系在一起的国际性网络，它是计算机技术、信息技术与通信技术融合的产物。互联网是当代世界上规模最大的超远距离信息传送网络，被人们视为自报刊发明以来的又一项无与伦比的创举，是信息生产、传播及交换领域的一场革命。

1.互联网媒体的常见形态

从目前的互联网媒体形态来看，其主要表现形式有以下几种。

（1）博客

博客，又译为网络日志、部落格或部落阁等，是一种通常由个人管理、不定期张贴新的文章的网站。

博客上的文章通常根据张贴时间，以倒序方式由新到旧排列。许多博客专注在特定的课题上提供评论或新闻，其他则被作为比较个人的日记。

一个典型的博客结合文字、图像、其他博客或网站的链接以及其他与主题相关的媒体。大部分的博客内容以文字为主，仍有一些博客专注艺术、摄影、视频、音乐、播客等各种主题。

从博客的传播模式及传播性质上来看，博客突破了传统的网络传播，实现了个人性和公共性的结合。博客的即时性、自主性、开放性和互动性为人们提供了一定程度的话语自由，这种自由颠覆了传统媒体"把关人"的概念。

（2）社交网络（虚拟社区）

虚拟社区是活跃于网络空间的集体交友方式与渠道，主要代表有BBS。近年来，虚拟社区得到了全新的发展，其中最有名的要数社交网络。

社交网络即社交网络服务，源自英文SNS（Social Network Service）的翻译，中文直译为"社会性网络服务"或"社会化网络服务"，意译为社交网络服务。社交网络包括硬件、软件、服务及应用，由于四字构成的词组更符合中国人的构词习惯，因此人们习惯用"社交网络"来代指SNS。典型代表有人人网、开心网、天涯社区和猫扑。

（3）微博

微博，即微博客（Micro Blog）的简称，是一个基于用户关系的信息分享、传播以及获取平台。用户可以通过Web、WAP以及各种客户端组建个人社区，以140字以内的文字来更新信息，并实现即时共享。微博颠覆了传统信息的发布方式，以一种半广播半实时互动的模式创立了新的社交方式与信息发布方式，使得每个参与者既是传播者也是受众，既是新闻发布者也是传播者。便携性和及时性使得微博更容易在第一时间成为事件发布的平台。在微博时代，内容为王，短小精悍的文字更符合现代社会对于信息快速消费的需求。

（4）即时通信

即时通信（Instant Messenger，IM）是指能够即时发送和接收互联网信息等业务。国内最典型的是以腾讯QQ为代表的一系列通信工具。

即时通信不再是单纯的聊天工具，它已发展成集交流、资讯、娱乐、搜索、电子商务、办公协作和企业客户服务等于一体的综合化信息平台。

随着移动互联网的发展，互联网即时通信也在向移动化扩张。目前，微软、AOL、Yahoo等重要即时通信提供商都提供了通过手机接入互联网进行即时通信的业务，用户可以通过手机与其他已经安装了相应客户端软件的手机或电脑收发信息。

2. 互联网媒体新闻传播的特点

（1）高速度

在传统媒体中，报纸的出版周期常以天甚至周计算，电视与广播的周期以天或小时计算，而网络新闻的更新周期却是以分钟甚至秒来计算的。尤其是在对突发事件的报道中，网络新闻的时效性更为突出。在传统媒体中，广播通过无线电波，电视通过通信卫星，也常常能够做到快速报道新闻事件，并缩短报道事件时间与事件发生时间的差距，甚至进行同步直播，但是其传播过程中往往要面对非传播主体所能控制的技术性障碍，如信号中断、电波干扰等。而网络新闻的传播在互联网络的构架内，对各种外在影响和障碍的超越与克服能力大幅加强。

（2）大容量

由于电脑巨大的信息储存量和万维网、联网数据库、邮件目录群、新闻讨论组和电子邮件等多种采集途径的同时使用，使网络媒介具有超大信息容量。一个只有8G的硬盘可以储存40亿个汉字的信息量，而一份对开100版报纸一天最多只能提供50万字的信息。

（3）立体性

这种立体性首先体现为网络新闻集报纸、广播和电视三者之长于一体，是兼具数据、文本、图形、图像和声音的超文本、多媒体结构，实现了文字、图片、声音、图像等报道手段的有机结合，因而是立体的、网状的、多维的，有声有色、图文并茂、亦动亦静。报道同一新闻事件，报纸用文字和图片，广播用声音，电视主要是用图像，而网络新闻则三者皆用，它融合了纸质新闻、广播和电视新闻的报道手段，使受众在网上同时拥有读报纸、听广播与看电视的诸般乐趣。其次，立体性体现在传播内容上。网络新闻传播围绕着一件事情往往形成核心新闻信息，同时通过相关链接的方式提供相关报道和相关资料背景，这样，新闻接收者便可以了解到一个事件的不同侧面和深层背景。

（4）选择性

与传统媒体比起来，网络新闻对接收者来说具有更强的选择性。

第一，网络新闻的编辑与传统媒体的新闻编辑的不同在于，不是将新闻信息"推"给受众，而是由受众"拉"出想要的新闻信息。新闻传播的接收者可以根据自己的喜好，通过网络来搜寻自己喜欢的新闻信息源、新闻信息内容和新闻信息表现形式。新闻网站总是将海量信息分门别类地加以整合，并且提供定制"个性化新闻"的服务，网站可根据用户的需求向其发送经过选择的个性化新闻。

第二，网络上的新闻传播具有过刊查询和资料检索功能，其突破了查询新闻内容在时间上的限制，受众在网上可以随时按日期查看一家网络媒体的新闻，也可以很方便地输入关键词进行资料检索。

第三，网络上的新闻传播，既可以在短时间内实现新闻信息的广泛传播，又便于受众下载新闻信息，并存储、加工、利用新闻信息，以进行深入的研究和探索。

（5）互动性

传统媒体的新闻是由受到专门训练的记者、编辑或制作人，在受众遥不可及的编辑室或新闻中心，单方决定值得报道的内容，接收者只能被动地等待收视或阅听于固定时间里送达或播出的新闻，如果有意见，也只能事后表达。而网络新闻则可以实现传播者和接收者之间的双向互动传播，例如现在很多新闻网站均在每则新闻之后设置"发表评论"的链接，给公众提供了一个批评和评论的场所。这不仅使传播者能够及时了解受众的反馈，而且使受众能够直接参与新闻报道，对传播内容进行矫正或补充；这不仅做到了媒体与受众之间的沟通，还实现了受众对受众的传播，传受双方的积极性和主动性因此而得到有效的调动。

（6）公平性

网络新闻是借助互联网传播的，互联网上信息传输的速度和成本与所在的物理位置几乎毫无关联。如果放眼全球，网络新闻传播的公平性特点还特别有助于第三世界国家打破西方国家通过对传统媒介的垄断而实现的对信息资源的控制，从而为推动建立国际新闻传播新秩序提供保障。

（7）可搜索性

网络信息数字化的特点，使得对网络新闻进行快捷检索成为可能。目前，功能强大的互联网搜索引擎（如 Yahoo、Google、Alta-Vista 以及国内的百度等）可以在甚至不到 1 秒的时间里，按照网民给出的搜索关键词找到对应信息。一些大型的互联网站点、图书馆和数据库也都为用户准备了内部搜索引擎，最大限度地节约了用户在搜索信息上花费的时间。而在电脑和互联网出现之前，无论是寻找报纸、杂志，还是广播、电视的资料，用户都不得不硬着头皮在庞大而阴森的馆藏室里用眼睛做着最原始的检索工作，而这是一个漫长而疲惫的过程。

（8）易复制和易保存性

由比特构成的网络信息的最大优势之一就是可以方便地复制。"世界上没有完全相同的两片树叶"之类的说法在数字世界里是可笑的，只要先有一片树叶，数字技术就可以在瞬间制造出其无数的孪生兄弟，而且它们一模一样。我们可以把网络新闻看作这样的树叶，这就不难想象为何网络新闻会流传得如此快捷和广泛了。易复制带来的另一个好处就是易保存，因为保存无非就是把信息从网络复制到自己的硬盘而已。在带宽不成问题的情况下，从网络复制一篇 10 万字的文章到硬盘连 1 秒都不需要，并且绝无差错。而在此之前的种种方式，从抄写、剪报到复印、扫描，不是难以确保精度，就是浪费大量时间，甚至两者兼备。

网络新闻的上述特点使其以无可比拟的优势成为新闻传播活动的新领域。在充分认识网络新闻的优势的同时，对网络新闻传播的弱点和缺陷不能视而不见。例如，网络新闻的可信度和有效度的问题。网络的开放性和自由度带来了信息民主的局面的同时，也为恶意传播虚假新闻信息打开了方便之门，以致互联网上的新闻信息的可信度大打折扣。与此相联系的是，大量"信息垃圾"的存在淹没了真正有用的信息，使人们在网上搜寻有用信息的效率降低。再如，在传播内容上，网络媒体之间、网络媒体与传统媒体之间的相互抄袭、复制现象严重，造成同质信息过多的局面，也造成对原创新闻信息的知识产权和劳动价值的漠视与侵害。又如，在信息管理上，由于管理的成本过高，技术难度过大，网络新闻的有序局面尚未建立，还有网络传播技术和基础设施方面诸如"带宽瓶颈"之类的问题，等等。这些弱点和缺陷制约了网络新闻传播更好地发挥其作用。

（二）电视新媒体

虽然电视是 20 世纪的产物，但是随着技术的进步，电视在新媒体时代也有着不同的使命和全新的发展。以下从三种形态来讨论电视新媒体。

1.IPTV

电视新媒体中当下最受关注的是 IPTV（Internet Protocol Television），即交互网络电视，一般是指通过互联网络，特别是宽带互联网络来传播视频节目的服务形式。

互动性是 IPTV 的重要特征之一。IPTV 用户不再是被动的信息接收者，可以根据需要有选择地收视节目内容。用户在家中就可以通过计算机、网络机顶盒＋普通电视机及移动终端（如 iPad、iPhone 等）三种方式使用 IPVT。

IPTV 能够很好地适应当今网络飞速发展的趋势，充分、有效地利用网络资源。IPTV 既不同于传统的模拟式有线电视，也不同于经典的数字电视。因为，传统的和经典的数字电视都具有频分制、定时、单向广播等特点。尽管经典的数字电视相对于模拟电视有许多技术革新，但只是信号形式的改变，而没有触及媒体内容的传播方式。

IPTV 是集合了电视传输影视节目的传统优势和网络交互传播优势的新型电视媒体，它的发展给电视传播方式带来了革新。

2. 移动电视

狭义上讲，移动电视是指在公共汽车等可移动物体内通过电视终端移动地收看电视节目的一种技术或应用；广义上讲，是一切可以用移动的方式收看电视节目的技术或应用。

作为一种新兴媒体，移动电视的发展速度是人们始料未及的，它具有覆盖广、反应迅速、移动性强等特点，除了传统媒体的宣传和欣赏功能外，还具备城市应急信息发布的功能。

（三）手机媒体

手机媒体是指以手机为视听终端，以手机上网为平台的个性化信息传播载体，它是以分众为传播目标，以定向为传播效果，以互动为传播应用的大众传播媒介。其被公认为是继报刊、广播、电视与互联网之后的"第五媒体"。

手机新闻传播具有显著的特点，概括来说，这些特点主要包括以下几个方面。

1. 便携灵活

手机与电脑相比，优点是便携小巧，与受众的关联度高，无论是在公共交通工具上，还是在排队等候的闲散时间，手机几乎成了人们利用率最高的现代化通信工具。有一句笑话说，"真正的朋友，就是一起吃饭的时候不看手机"，可见，手机在人们的生活中扮演着多么重要的角色。在这种情况下，以手机为媒介进行信息传播，到达率是非常高的，传播效果也是非常好的。

2. 时效性强

手机的传播非常迅速，受众接受新闻不再受到时间与空间的束缚。现在，不仅是手机短信，很多大众传播媒介还借助 App 软件来发布即时信息，比较常用的是微博和微信的订阅推送，这是在发行周期之外进行补充传播的手段之一。

3. 互动传播

通过手机进行的传播，往往包含大众传播、群体传播与人际传播。在大众传播阶段，通过手机，传播者和受众之间可以实现良好的互动，如在媒体官方微博上留言；在群体传播阶段，网络或手机联系起来的群体本身就需要依靠互动来维系，如群发短信讨论事情或者利用手机客户端在 QQ 群、微信群中进行信息的互动；在人际传播阶段，手机的互动性更加明显，无论是通话还是发送短信，其实质都是人与人之间的互动沟通。而这三种传播方式的结合，更能提升信息源的影响力。

4. 个性化传播

手机媒介具有极强的个人属性，因为这是我们日常生活中使用率极高的现代化通信工具，难免会带有个人色彩。从信息传播的角度来看，主要表现为选择性关注和选择性订阅。对体育感兴趣的人，可以通过手机客户端关注体育媒体，或者订阅体育新闻；对经济感兴趣的人，可以专门订阅经济类的内容。在手机时代，每个人接收的信息都是不同的，细分化的市场为媒介提供了更大的发展空间。

第三节　融媒时代新闻传播的发展

目前，整合各种媒介的优点，以一种"全能型"媒介的形式来进行新闻生产的努力已现端倪，并且在越来越广泛、越来越深刻地影响着新闻实践，使新闻传播有了一定的新发展。

一、融媒时代新闻事业发展的新趋向

（一）从以传播者为中心走向以受众为中心

在融媒时代，新闻事业将从以传播者为中心进行运作转向以受众为中心进行运作。具体来看，从以传播者为中心到以受众为中心主要包含以下三层含义。

1.传播者角色的转化

新媒体的出现在很大程度上推动了新闻事业从计划经济向市场经济的转变，在这种社会大背景下，新闻媒介的强制化和权威化的特点逐渐减弱，但服务特点逐渐加强。受这种大氛围的影响，曾经在计划经济时期以"组织者""宣传者""政府机构的分支"等角色自居的新闻传播者的角色也会发生转变，即从"发号施令"者向服务者转化。

2.受众角色的转化

作为新闻传播的对应物，受众是新闻信息的接受者。在新媒体出现之前，各类新闻事业单位纷纷将受众当作随时会被信息"魔弹"击中的靶心，以传播者为中心选择不同的信息传递给受众，受众（这里的受众在真正意义上不是指受众个体，而是指接受订报计划的单位或者被组织读报的群体）无法自如选择。而在新媒体出现后，新闻信息是一种商品的这种观念逐渐深入人心，受众可以根据自己所需选择不同的新闻信息，在这种情况下，受众理所当然地被新闻媒介看作新闻信息的"消费者"，并享有"消费"的各项权利，受众的角色也发生了转化。

3.媒介风格的转化

随着新媒体的快速发展，为适应市场的需求，不少媒体在从以传播者为中心向以受众为中心转变的过程中，作为衔接传播者与受众的媒介新闻信息，随着传播者与受众的角色转化，其风格也发生了深刻的变化。具体来看，传统的新闻媒介大多是以宣传的面孔出现的，因而具有很强的宣传意味，而当其向以受众为中心转变时，媒介就会为受众提供多种信息服务，其中不仅有严肃的政治新闻，也有娱乐、消遣等多方面的内容，而这一转变会在很大程度上刺激新闻媒介形成多元化的风格。

（二）从人治走向法治

在融媒时代，新闻事业的制度架构将从人治走向法治，这是新闻事业发展的要求。具体来看，新闻事业从人治走向法治需要经历以下几个步骤。

1. 建立新闻法

在新媒体环境下，建立新闻法是新闻事业发展的内在需求。针对我国新闻事业立法真空的问题，要实现新闻事业的法治就需要建立新闻法，而这一认知随着新闻事业的发展越来越显得迫切。

2. 提升大众权利

建立新闻法只能从制度和秩序上对新闻事业进行规范，新闻事业的法治还需要进一步强化，大众权利是新闻事业发展必须承担的社会责任，如保证受众的知晓权、新闻从业者的舆论监督权、新闻自由等，在发展新闻事业的同时，只有维护大众的这些权利，才能体现出真正的法治思想。有鉴于此，未来的新闻事业的法治化还包括大众权利从重义务、轻权利向权利、义务并重的转变。

（三）新闻媒体从单一媒体走向媒介融合

在融媒时代，传统的单一的媒体联合或兼并已经不再适应市场的需求，因此近年来，几乎所有的新闻媒体都在向多媒体方向发展，而在这一发展过程中，省（市）级别以上的媒体基本上都是以"报纸＋网络"或"广播电视＋网络"的模式，而在地（市）一级，报纸、广播、电视和网络正在逐步联合、兼并。据此可以推测，未来新闻媒体在运作上将由单一媒体向媒介融合发展。

（四）新闻理论将纳入大众传播学的相关内容

在融媒时代，随着经济体制的转轨和大众传播媒介作为独特的经济力量迅速崛起，新闻学面临的问题也越来越多、越来越复杂，而大众传播学的相关理论研究对新闻学的研究具有一定的参考与借鉴价值，因此新闻学的发展与借鉴大众传播学的要求越来越紧迫。这两门学科的转化、整合，是新闻实践的呼唤，也是一个总体的趋势。

（五）从雅俗共赏发展为雅俗分赏

在融媒时代，为吸引受众，更多的新闻事业将会以受众的兴趣作为重点，而这也会推动新闻事业从雅俗共赏向雅俗分赏发展。具体来看，新闻事业从雅俗共赏向雅俗分赏的发展包括两项内涵：其一是因受众兴趣的不同，新闻事业的受众从大众化向小众化方向发展；其二是因受众兴趣的不同，新闻媒介从单一性向多元性过渡。

（六）从相对自由竞争向垄断竞争过渡

在融媒时代，在未来的数年内，更多的新闻事业单位将会涌现，他们一方面会摆脱以往小规模、相对较自由的竞争状态；另一方面会开启兼并浪潮。而这种发展趋势从实质上来看就是新闻事业在竞争上将会从相对自由竞争走向垄断竞争。

1. 从相对自由竞争向垄断竞争过渡的具体表现

从相对自由竞争向垄断竞争过渡的具体表现包括以下几个方面：第一，新闻传播事业的产业化发展，即新闻传播事业开始以集团的形式出现，大规模地传播信息，集中获取市场广告份额，并盘活资本存量进行多项投资。例如，广州日报报业集团为适应市场，兼并了《足球报》《广州文摘报》《广州英文早报》《广州商报》《交通旅游报》《广州日报电子版》《新现代画报》《岭南少年报》《现代育儿报》《老人报》等报刊，扩大了广州日报报业集团的实力。第二，部分新闻传播事业开始进行跨地区兼并，从而打破了新闻媒介传统的条块设置的格局，使新闻成为流通的商品，让报纸可以跨地区发行销售。第三，为应对多种新媒体的威胁，各类传统新闻传播媒体开始进行同行业的集中和兼并，从而促使了行业联合现象的出现，这种模式在很大程度上增强了传统新闻传播媒体的竞争力。第四，部分具有经济实力的新闻事业单位开始进行跨行业联合，以应付激烈的市场竞争。

2. 从相对自由竞争向垄断竞争过渡对现实的影响

新闻事业从相对自由竞争向垄断竞争使新闻媒介从松散走向了集中，对新闻事业产生了重要的影响。第一，垄断竞争的出现有助于新闻媒介以其雄厚的实力走向世界，并有效地和国外媒体展开竞争。中国媒介参与国际竞争已势在必行，而垄断竞争的出现有助于我国优秀的新闻媒介联合起来，以雄厚的实力与国外媒介竞争。第二，垄断竞争的出现有利于媒介从无序竞争逐步走向有序竞争。在相对自由竞争的格局下，新闻媒介竞争一般是过度竞争、恶性竞争或无序竞争，这种"滥""散"的媒介结构致使新闻事业内部定指标、搞奖惩；新闻事业外部则拉关系、送版面、给回扣，有些已到了不择手段的地步。而在垄断竞争的格局下，新闻事业集团的出现使得新闻受众市场被划分成一些较稳定、固定的区域，有利于建立较为规范的市场竞争。第三，垄断竞争的出现对媒介结构产生了巨大的影响。在新媒体环境下，原本存在的新闻媒介重复建设的现象成为新闻事业发展的拦路虎，它不仅占据了整个媒体的生存空间，也不利于新闻传播效果的提升。而在垄断竞争的格局下，新闻媒介为了不断向前发展，会采取吸收、兼并小的新闻媒介，以壮大自身力量的做法，这使得新闻事业领域的新闻传播集团大量衍生，从而对新闻媒介的结构产生影响。

二、融媒时代的新闻价值

（一）新闻价值的内涵

1.新闻价值的概念

从价值概念的本来含义出发，从客观存在的外界物与满足人们需要的关系中去理解，可以对新闻价值作出如下定义：新闻价值是新闻满足受众认知客观现实变动情况的需要的属性。在理解新闻价值的这一定义时，需要了解两个方面的内容，首先，新闻价值是在传播过程中产生的一个概念，它表示的是新闻这一客体与受众这一主体之间的关系，而不是事实与受众之间的关系。因为事实只有经过媒体的报道转化为新闻以后，才能为受众所感知，才能与受众发生关系。其次，新闻价值只是新闻满足受众认知客观现实变动情况的需要的价值，新闻价值所表述的并不是新闻可能具有的种种价值的总和，只是新闻满足受众认知客观现实变动情况的需要这一方面的价值。

2.新闻价值的要素

新闻价值是在新闻传播实践活动中形成的概念，对于其具体包含哪些要素，学者们目前尚未有统一的观点，比较流行的是"五要素"说——重要性、时新性、接近性、显著性和趣味性。

（1）重要性

重要性是指新闻对于人们切身利益以及社会生活有较大影响的性质。衡量一则新闻是否重要，主要从两个方面来考虑：一是新闻事件对人类社会产生的利害关系，关系越密切，就越重要；二是新闻事件对社会生活造成的影响程度，影响越深远，就越重要。

（2）时新性

时新性是指新闻在时间上要有新鲜性，一方面事实必须新鲜；另一方面，新闻报道必须及时。从新闻传播的过程来看，新闻的新鲜性主要是以报道的及时性体现出来的。新闻工作者应该尽可能地用快的速度对发生的事实做出报道，报道的时间同事实发生的时间之间的差距越小，新闻就越新鲜，新闻价值就越能得到更加充分的体现。因此，新闻的时新性也可直接称为"及时性"。

（3）接近性

接近性是指新闻与受众在空间距离或者心理距离上的接近程度，距离越近，就越有新闻价值。

（4）显著性

显著性是指新闻中的人物、地点、事件的突出性或者知名度，越是突出的人物、地点和事件，就越有新闻价值。例如，生老病死是再普通不过的事情，普通人当然很难上新闻，但如果是名人的生老病死，往往会成为大家关注的焦点，如英国戴安娜王妃死于车祸，就震惊了全世界，世界各国媒体都争相报道。

（5）趣味性

趣味性是指新闻富有趣味、戏剧性和人情味的性质。一般来说，社会新闻、奇闻逸事、人物命运、感人事迹等，主要以趣味性取胜，趣味性越突出，就越有新闻价值。

在新闻价值五要素中，时新性是基本前提，只有具备了时新性，才可以去考虑重要性、接近性、显著性和趣味性。

3. 新闻价值取向的多样性

新闻价值判断的相对性表明：在新闻传播的过程中，新闻记者总是在特定的社会历史条件下，从当前的社会现实和意识形态出发，并根据自己所服务的媒体以及该媒体的受众需要进行新闻价值判断，从而决定新闻的取舍。因此，新闻价值判断在取向上必然会呈现出多样性的特点。要把握新闻价值取向的多样性，最好的办法就是了解历史上出现过的新闻价值观。

4.新闻价值判断的相对性

（1）新闻价值判断的主观性与相对性

从根本上说，新闻价值判断是对新闻是否满足以及在多大程度上满足受众认知客观现实变动情况的需要的一种主观认定。因此，新闻价值判断具有强烈的主观性。在新闻价值判断的过程中，作为理论抽象的价值要素具有稳定性，但是价值要素的具体内涵却是相对的，是在不断发生变化的。事实上，每一个价值要素都是一个相对的可变量。造成新闻价值判断相对性的原因，主要有两个方面：第一，新闻传播的社会历史条件对新闻价值判断具有极大的制约作用；第二，在新闻传播的过程中，媒体的不同和受众的需要对新闻价值判断产生了不可忽视的制约作用。

媒体的不同包含以下几方面的内涵：第一，不同的媒体种类。报纸、广播、电视、网络等不同类型的媒体，由于所凭借的传播技术手段不同，会使新闻价值判断产生相应的变化。第二，不同的媒体定位。受众的需要也使新闻价值判断成为一个相对的变量。首先，不同的受众存在不同的新闻需要；其次，相同的受众在不同的情境下会产生不同的新闻需要。第三，不同的媒体性质。西方有高级报纸与通俗报纸之别，我国有党报与晚报、都市报之分，中外都有综合性报纸与专业性报纸之别，这些不同性质的媒体在新闻价值判断上往往存在着较大的差异。

（2）新闻传播过程中的新闻价值判断

既然新闻价值本身是客观的，但是在新闻价值的指导下，不同的媒体所报道出来的新闻却是各不相同的。这就需要引入一个与新闻价值密切相关而又存在着本质区别的概念——新闻价值判断。在新闻传播的过程中，价值主体对于新闻是否具有新闻价值及具有多大新闻价值的判断，就是新闻价值判断。

受众对新闻价值的判断，只能建立在新闻工作者已经完成了新闻报道并将其在媒体上刊播出来的基础上，只能是受众在阅读（或收听、收视）新闻报道的时候才能发生。因此，新闻工作者在从事新闻报道的时候，必须对新闻价值做出准确的判断，才能充分满足受众对新闻的需要。

新闻工作者对新闻价值的判断是一种预测性判断。每天新发生、新变动的事实纷至沓来，无穷无尽。新闻工作者不可能先去征求受众的意见再做出报道，只能对众多新闻的新闻价值做出迅速的判断，从而进行新闻报道。

在新闻传播的过程中，存在两种新闻价值判断：一种是新闻工作者对新闻价值的预测性判断，一种是受众对新闻价值的评价性判断。有学者把预测性判断称为"初级新闻价值评价"，而把评价性判断称为"终极新闻价值评价"，二者合称"二级评价模式"。并强调指出，初级评价只是为新闻价值的实现提供了可能，而终极评价则是对新闻价值有无、多少的最后确认，也是新闻传播者所提供的可能最终能否成为现实的根本鉴定。

从新闻价值的本义来看，这个强调无疑是正确的，对于引导新闻工作者高度重视受众对新闻传播的反馈意见以及不断改进新闻传播工作有深刻的现实意义。但是，新闻价值的评价性判断只能建立在预测性判断的基础之上，没有准确的预测性判断，新闻价值的实现也就无从谈起。在这个意义上，新闻价值的预测性判断才是根本，没有这个根本，评价性判断就会成为空中楼阁。在新闻传播的过程中，尽管受众十分重要，甚至处于中心地位，但发挥主导作用的毕竟还是新闻工作者。新闻工作者对新闻价值的预测性判断是否准确，直接关系新闻价值能否实现，更关系新闻传播活动的成败得失。本节接下来所说的新闻价值判断，都是指新闻工作者对新闻价值的预测性判断。

（二）融媒时代新闻价值的挖掘与实现

1. 融媒时代新闻实效性价值的挖掘与实现

时效性是新闻价值的首要因素，新闻的可贵之处就在于它的"新"。从传统媒体时代乃至新闻诞生的那一天开始，抢时效就是新闻工作者最常见的事，新闻媒体报选题、审稿件和做报道也以最基本的时效性为其衡量标准。随着融合媒体时代的来临，新闻报道从一纸化平面报道以及几种几乎脱离关系、以各自形式独立存在的报道发展成为内容整合、形式丰富、形成体系且内在联系逐步优化的融合报道。融合报道拓展了新闻形成方式的可能性，这使得新闻产品面临更大时效性的挑战，同时给予新闻报道一种更高时效性的可能。

（1）新闻工作者获取第一手新闻信息的时间缩短

融媒时代的新闻工作者不再是绝对意义上的"等候电话"的人，靠体力拼时效的做法也随着新媒体平台的搭建被逐渐削减，跨媒体环境下宽广信息渠道的搭建和受众自主性的提高，让新闻工作者的主动性也进一步提升。在融媒时代，新闻工作者能获得近乎全方位的信息刺激，这一方面是由于社会传播大环境下的传播特征；另一方面来自其个人的社交媒体信息推送，这就避免了事件发生后由于闭塞周转、信息不能及时传递到记者那里的局面，同时使记者不用事必躬亲地去求证，有效提高了新闻信息获取环节的时效性。具体来说，融媒时代进行融合报道而提升的时效性体现在以下两个方面。

①获取的信息充当新闻素材。记者可直接把获取的信息作为新闻素材，充实到自己的报道中去，使既有的报道形式更加完整，使内在逻辑也得以延续，最关键的就是，节约了记者亲力亲为的时间，这些素材就是现成的有效资源。素材是指基于自媒体或者其余媒体对于某事件或者新闻已经有过调查、整合的较详细的信息，或者是融合媒体中已产生的那些与自己报道主题相关联的多媒体资料。这实质上是新闻工作者通过更加广阔的新媒体信息平台完成了"到不能到之地，历不能历之事"，获取了第一手的素材资料，并且运用到自己的融合报道中去，再以形式丰富的跨媒体报道呈现出来，即信息在新媒体之间的有效转移。一般来说，最先知道突发事件消息的人一定是在现场的人，而不是任何新闻机构。新闻工作者可以利用这一点，基于新媒体平台，共享这些当事人发出的信息资源，并将其用到报道中。由此节余出更多时间，可以更有效地进行已有素材的优化组合，呈现形式丰富多样且深入的跟进报道，新闻报道的时效性也因此大大提高。

②相对高效地获得新闻话题。新闻工作者可以通过舆论观察获得话题，即新闻的由头。记者在获取有效由头之后进而组织展开采访。在传统报道环境下，记者获取新闻由头的渠道相对比较单一，信息由头在传播到记者那里途中经历的时间也相对较长，信息辗转、丢失较多、清晰度降低，许多记者在获取报道主题后仍不能清楚地开展工作，准确进行有效行动又是再下一步的事了，而融媒时代的融合报道具有明显的不同。这些通过新媒体手段获取的信息由头使后续的报道拥有更明确的指向性和目标感，报道效率得以提高，借助新媒体平台本身完成对于信息由头的确定和拓展同样提高了新闻的时效性。还应该注意的是，越来越多具有新闻价值的信息由头更容易在新媒体上涌现，更多的新闻将被挖掘，原来许多根本不可能被曝光的事件现在也有了时效性一说。

（2）融合报道环境下的新闻加工环节与时效性

受众看到的生产加工完成的新闻产品，以前是一份黑白报纸，或一档电视节目，而现在就是一个融合视频、图片、文字、超链接及用户体验等众多形式的多媒体新闻平台。从新闻工作者那里获取到相对零散的、罗列状的信息，到以这些信息为基准加工成为具有一定产品性和推广性的新闻，其中间存在一个极其复杂的过程。较之传统媒体时代，融合报道除了在获取信息，寻找规律主题，提炼信息之外，一改以往单向输出的最终模式。不仅在最终加工的成品形式上是多向度组合的，甚至连获取的信息也都是多媒体化的，更多形式的信息组合带来了更大的时效性挑战，对新闻加工环节提出了更高要求。同时，以往的传统纸媒让文字记者承受着最大的压力，文字作为主力军充当了大多数信息的出口。现在的视频、图片、文字等众多"出口"并驾齐驱，迎合了用户对于一种直观与深度并存的新闻报道的需求。融合报道由于这种加工重心的分散，减轻了某些高压"出口"的压力，均衡了各种形式的输出。在一个融合报道团队里，单位时间里将生产出更丰富、更全面的新闻产品，新闻时效性在这个意义上得以提高。对于新闻加工环节的时效性问题，我们将其分为个人跨媒体加工、团队跨媒体加工两类情况进行讨论。

①个人跨媒体加工的时效问题。个人跨媒体加工的融合报道新闻要求一个新闻工作者承担起采访、整合图片、文字、视频，甚至更多技术平台的新闻报道任务。西方新闻媒介里的融合新闻在个体层面的标志是那些掌握了多种媒介技能的全能记者，这些人在美国还有"背包记者"等多种称号，他们掌握了全面的多媒体技能，能够为多种不同媒体提供新闻作品。

②团队跨媒体加工的时效问题。从一般意义上讲，在追求新闻时效性的过程中，团队跨媒体加工无疑具有更大的优势。相较于一个人要完成众多形式的融合报道，一个团队分工协作可以在单位时间里完成好几样作品，与个人跨媒体中对于时效性阶段性的追求不同，团队跨媒体加工往往是先做出各种形式的报道然后再进行整合发布，这是团队跨媒体加工分工化有效利用了时间的最好体现。

（3）信息发布者将更加及时获取有效反馈，促使新的新闻推进、完整

"反馈"一直是媒体机构十分重视，却由于传统报道里种种客观的条件缺乏始终未能得到有效开展的一个环节。可以说，受众希望反馈自己接收

信息后产生的想法，媒体也希望获得受众的有效反馈进而改善报道，但是在传统报道里，新闻产品发布的平台（报纸、电视、广播等）往往与受众反馈的平台脱离，受众只能观看报纸、电视上的新闻，却不知道怎样对媒体机构或新闻事件本身进行有效评论、反馈，于是更多的反馈变成了自言自语、茶余饭后的闲扯唠叨，或小范围的浅尝辄止。有效的反馈不能只作用于后续新闻的推进上，也不能到达信息发布者那里，许多有价值的、将会推动事件新闻进一步发展的反馈要么干脆就无法传递，要么就是需要繁杂的程序才能到达。反馈环节的弱化，导致传统报道中呈现出单线型的报道模式，从发布者到受众，新闻报道承载信息在单向传递中完成了使命。在融合报道背景下，受众的反馈环节得到空前加强，反馈的意义已经不在于对新闻的细枝末节的补充和"画上句号"，而是更加直接地作用于事件新闻本身，成为双向传播逆向的"起点"，往往在反馈中产生有价值的新线索，在反馈中深入报道，甚至在反馈中开启了新的报道。关键是这种有效反馈以更加迅捷的速度得以呈现，它所携带的信息也更具时效性地得以传递。作为融合新闻报道的日趋重要的一个环节，它的及时化无疑带动了新闻报道整体时效性的提高。

（4）新闻产品承载新闻信息在传播过程中更快捷，正在实现即时传播

传统纸媒具有相对固定的发行时间要求，今天发生的事情，见报就得明天。许多突发事件和重要事件，即便我们在当时听说了或者经历了，需要得到这个事件全貌性的报道，也必须等待明天的报纸。在这一点上，电视媒体虽然比传统纸媒做得稍好，但是碍于新闻节目录制的需要，新闻信息的传播往往也是等待严格无误的节目录制审核完成之后才能发布出来。也就是说，传统报道的弹性并不高，事件发生后并不能立刻就通过报纸、电视进行发布。

融媒时代融合报道的诞生和发展赋予信息传播一种新的可能。基于更快、更新的传播技术平台，加之受众自主性的提高，受众与媒体拥有了更全面的互动，甚至受众自己也充当着传播源，信息的传播呈现出即时化的状态。很少有新闻再需要"被等待"，融合新闻的传播过程进一步提高了时效性。

2.融媒时代新闻显著性价值的挖掘与实现

融合媒体环境对"新闻显著性价值"的改变首先就体现在显著性外延的扩展上。简言之，融合媒体环境所带来的新的社交平台及广泛应用的自媒

体工具，拓宽了名人报道的渠道。这种扩宽不仅体现在原有的机构媒体能更便捷、更多方位地报道名人新闻，还体现在名人有了私人化的发声渠道，能随时随地进行"自我报道"。融合媒体环境使得传统的新闻显著性有了更多的实现空间和呈现形式，显著性的外延被大大拓宽。

（1）名人报道发生变化

新闻更重视"名人的声音"，在新兴的社交媒体中有着非常明显的体现，如新浪、腾讯和网易等各大微博都在争夺"名人资源"，用各种优惠和服务吸引各界名人使用其微博。新闻的显著性价值在融合媒体环境中的变化，不仅仅体现在机构媒体层面，自媒体这种具有革命性意义的传播工具，也开始成为名人拥有的私人"独立发声器"。微博、SNS 网站等形式的自媒体平台，相对于通过传统媒体发表言论，有着更多的优势。独立、便捷、低成本、实时性、全时性和粉丝之间强大的交互性等，这一系列的特点，都让自媒体成为名人的新宠。在新媒体的环境中，各类社交网络平台的出现，使名人获得了一个既能有效扩大影响力又能保有极大自主性的发声渠道。能够发布文字、图片、视频等各种形式信息的自媒体，在一定程度上增强了名人的舆论"独立性"，减少了对媒体机构的依赖，拥有了更多样化的新闻曝光渠道。这种形势的变化，对于新闻工作者的影响未必就完全是负面的，挑战中还蕴藏着巨大的机遇。

首先，自媒体不只是名人的"专利"。名人中本来就包括一些知名的记者、编辑、主持人、评论家。也就是说，传媒人本身也可以借助自媒体等新兴传播媒介来扩大其舆论影响力。

其次，名人使用个人化媒体，除了名人自身炒作、宣传自身的影响之外，对于专业媒体机构来讲，这也是一个获取有分量的新闻由头的渠道。许多媒体工作者在社交媒体里关注名人动态，敏锐地捕捉他们身边的新闻，名人身份加之其自我炒作的需要也就决定了新闻的显著性价值。

名人在使用社交媒体的同时，其实也为传媒机构和新闻人提供了很多联系名人并与之进行互动交流的新渠道。很多新闻事实和资讯，其实就可以直接从名人的日常微博中发现，或者是通过微博对名人进行采访，又或者从名人的微博直接获取其观点。

名人自媒体对于新闻媒体而言其实有着巨大的创新空间。截至目前，不少基于名人自媒体的新闻报道新形式已经开始涌现。例如，越来越多的报纸、杂志开始增加了"微博言论"或类似的板块，用以摘录最近微博平台上很多名人、专家对社会问题、新闻事件的解读。

（2）草根新闻的价值挖掘

在这样一个融合媒体环境的新时期，传统新闻价值中显著性的内涵发生了微妙的变化，它不再只局限于当事人的知名度和显赫性。草根身上的故事，不管是本身反常、新奇，还是折射时代焦点，都有可能产生巨大的新闻传播能量。同时，并不知名的普通民众，随时有可能通过自媒体等方式，瞬间成为显著性很高的新闻人物。

草根新闻的产生发展，是以下两个方面趋势共同推动的：一是需求层面，即人们对草根新闻的认同和需求的增长；二是生产层面，即媒体加大报道和草根们自产新闻能力的获得。一方面，草根新闻虽然是草根的新闻，但是它却往往折射、反映出时代的共同课题、民众的普遍关切。也就是说，新闻事件的当事人虽然不"显著"，事件本身也可能很微小，但这位当事人遇到的人生境遇却是大家普遍关注的，"小事件"本身反映着时代的"大格局"。"以小见大"便赋予了草根新闻独特的传播价值。另一方面，草根文化在思想解放、意识革命、科技进步、市场经济发展的时代背景下获得了很好的发酵土壤，也改变了"新闻是名人（特别是政治家、领导人）的新闻"这一传统观念。互联网等因素促成的信息爆炸和非权威信息的增多，让人们接受并习惯一些"去名人化"的新闻。从心理学的角度来看，比之名人新闻，受众看这类新闻会更有心理上的接近性，对于大众而言，草根新闻具有十分独特的亲和力。再加上 UGC 时代的到来和公民记者的出现，让草根拥有了自我发声的能力。具有拍照、拍视频和上网等功能的手机的普及，让一大批人都拥有了报道自己和身边事件的可能。微博、SNS 等社交媒体用户的增加，则提供这类草根新闻爆炸式传播的具体途径，当然，传统门户网站、视频共享网站等也是发布草根新闻的有效平台。在草根新闻的生产大军中，还出现了传统媒体的身影，由于报道理念的革新，报纸杂志也开始更多地报道普通个体的新闻，可以说，目前草根新闻的生产量是空前的。

面对这些变化，新闻工作者似乎已经不能再仅仅重视传统的名人、权威、专家的采访报道，还需要挖掘"平凡人的故事"，采用"微内容，大格局"

的报道方法，深度展示社会真相。另外，今天的新闻工作者还需要重视那些出身草根的舆论领袖的动态和观点，因为他们往往也有很强的传播能力。专业的记者和传媒机构甚至还可以尝试与草根合作，实现优势互补。

3.融媒时代新闻接近性价值的挖掘与实现

新闻的接近性作为新闻价值评判的标准之一，标志着新闻报道和受众的距离，与读者关联更加密切的新闻报道将受到更多的关注，进而具有更高的新闻价值。新闻工作者要努力做的，就是要拉近自身与受众之间的距离。

（1）融合报道在基于个人基础上拓展出个人化新闻

①融合报道是基于新媒体互动背景产生定制化新闻信息。定制化新闻，成为融媒时代的一大新闻发展潮流。定制化新闻最大限度地被受众的灵感带动，受众想看什么就选择什么，那么其主动选择的内容一定是与受众自身的心理活动有密切关联的。定制化新闻的"定制"更多是技术层面上的依赖，基于互联网传播的关键词搜索使其成为可能，这与依托于互联网动力的融合报道产生了非常紧密的关联。

②融合报道基于社交媒体提供私人化的内容。在融媒时代，受众的关注点在新媒体环境下超越了地域的束缚，并不是离得越近就一定会引人注目，相对更虚拟的人际关系网越来越成为新的关注范围，加之现代人物理空间移动的迅捷化，于是更多的媒体就将重心放在了相对固定的人际关系空间上，以获取和受众的某种亲近感。

基于社交网络的新闻报道很大程度上适应了这个趋势的特点。由于大多数的社交媒体都是融合信息的发布平台，融合各种形式的信息可以直接在平台上发布传播。

其中更为重要的是，就跟每个人用谷歌浏览器搜索相同关键词也会得到不同的搜索结果排序一样，每一位社交网络成员也将会获得与自己个人关系最为密切的搜索结果。虽然Facebook并没有透露相关的搜索原理，但是基于用户个人信息的基本筛选能被初级人工智能所做到，融合报道的内容并不直接参与这个流程。作为社交媒体里个人化关系新闻推送的最主要内容和形式，其以最能够满足受众的多方位观感的优势使用户通过社交媒体获取信息成为可能。

（2）基于地域服务网络背景的融合报道为受众提供更为精准的地域接

近性。

①LBS等新技术使地域化新闻的定位更精准。LBS是基于对用户移动位置的确定之后，动用信息平台为用户提供相应服务的增值服务。这项服务的两个关键步骤是：第一，锁定用户的位置；第二，提供相应位置范围内的信息和服务。可以说，LBS是在新媒体环境下融合报道地域接近性的内在驱动力，其存在机制使得新媒体报道的地域接近性有了新的运作模式。简言之，传统新闻报道能企及的地域接近性往往是固定的、同质化的、基础的，而LBS则赋予报道一种移动的、异质化的、多层次的接近可能。作为受众，重要的不是你在哪里，而是你是谁。

融合报道提供的思路：在移动的地球村里，我们只是从一个村落到了另一个村落，我们渴望认知，融合报道让更多的信息来拥抱我们，我们并不孤独，而是被人关注，这无异于提醒着我们自己的主人公角色。

在这种情况下，手机地图应运而生，手机成为受众的同位体，我们到哪都随身带有手机。手机的这个特性，使其被开发成为有效的移动终端，也是LBS移动性的最佳载体。当我们的位置被检索到后，手机地图提供给我们的是周边涵盖各门类的信息以及实时发生的新闻报道——按照融合报道的思路来讲。这并不是简单的当地新闻，而是一种交集，换作是另外的人，就会推送有不同性质的当地新闻。这一方面是媒体主动权的回归，受众"被关注并被服务"比自己去摸索新环境更易建立亲近感；另一方面，融合报道克服的技术难题让地域接近性的效果大大提高，它不只定位了"我"的位置，还定位了"我"的生活背景，提供了"我"内心需要但是在意料之外的新闻。

②地域化综合网站为融合报道提供了接近性素材的可能。地域化综合网站是门户网站发展过程中的分支产物，它随着门户网络的发展而逐渐发展成具有相同的生存空间，持有相同生活话题的人群的虚拟社区。它的用户多数是相应地区的居民，由于地理距离的接近和文化背景等因素的相似使得网站信息相对"综合"，可以涉及上至科教文卫下至柴米油盐的信息，也能够更加及时地反映出一些问题。

地域化综合网站也为融合报道关注，其每天生产出的大量信息成为融合报道筛选的素材库。媒体工作者利用地域化综合网站，在长期使用中能够较为清晰地把握一个地区的人群的价值取向和阅读兴趣，也能够获取更具有接近性的报道话题，这是一个良性循环。媒体工作者获取的是民众披露的热点话题，对这些话题的报道思路又贴近当地民众的价值观和兴趣，从始至终都与该地区的受众具有地域上、心理上的接近性。

　　融合报道能做的是近一点，再近一点，与地域门户网站的互动合作是深入接近的驱动力。新闻工作者需要保持适当的敏感度，对自己报道的地域接近性标准做更高的要求。

第五章　新媒体广告传播与发展

第一节　新媒体广告概念

一、新媒体广告的定义

新媒体的出现，使得广告传播的环境和规则被不可避免地重新定义和书写，其与传统媒体最大的区别在于传播状态由一点对多点变为多点对多点。新媒体的传播模式是以大众传播双向互动作为基础的，它归纳符号的信息作用，区别信息的内容需求，发扬交互式或准交互式的双向传播优势，分门别类地对信息接收者按需定向传送。因此，在新媒体环境中，传播的通道不再是线性的，而是非线性的；传播的载体也不再是独立的，而是多元的。这个时候，广告作为一种传播的通道和载体，在新媒体环境中也必然会呈现出新的、有别于以往的内容和形式。这些"新广告"的出现对于广告主而言意味着更多元、更立体的广告载体选择，对于受众而言意味着更多样、更复杂的接受。

所谓的新媒体广告就是将新媒体作为传播载体的广告，新媒体广告的产生是伴随着新媒介技术的产生应运而生的。近年来，随着新媒体的不断涌现，在传统的电视、广播、平面媒体和户外传媒等广告之外，新媒体广告正在逐渐冲击和分流传统的广告市场。

二、新媒体广告设计的特性及机遇

（一）数字化新媒体时代广告表现的变革分析

1.广告的创作手法和表现形式发生的变革

数字化新媒体时代，数字技术使广告的创作手法和表现形式都得到了极大的丰富。数字技术在广告设计的影响中不只是表现在创意和制作工序的高效率完成上，其自身的技术特点也使得其视觉的风格和表现力焕然一新。第一，在广告的创意和制作过程中，电脑软件的应用使得一些媒体素材能够随心所欲地组合、嫁接、重叠和置换图像等，并且可以很容易地利用逆向和顺向的操作来对动作进行修改，直到达到预期所要达到的表现效果。另外，在广告设计的创作手法和表现形式上，其最明显的作用是表达方式和造型语言的更加丰富。第二，数字技术同广告的艺术设计完美地融合，开辟了新媒体广告在视觉表达形式上的新领域。超现实主义的幻想和怪异色彩为受众带来了前所未有的心理感受和视觉享受。第三，数字技术为广告设计师提供了更为广阔的创意表现空间，为广告视觉上的语言表现提供了更方便快捷的途径及更为丰富的艺术表现力。数字技术表现出来的视觉形象可以对客观事物进行真实的表现，可以把表现形式由原来的二维向三维、四维进行扩展，使得整体的画面表现力也更加立体和富有美感。为广告设计的发展之路开拓新领域的同时，也为广告设计师们创意的想象空间提供了必要的技术基础。

2.广告的视觉形态发生的变革

数字化新媒体时代，数字技术对广告的视觉形态产生影响，并且影响着带来的改变。人的视觉感知从远古的穴壁图案慢慢发展到如今的数字视听化，伴随着摄影技术、数码技术以及各种视觉艺术的融合，使得广告设计的视觉形态更加地趋向多元化，各种媒体的视觉元素交互与统一，真正实现了对现实的改造和真实模拟，甚至出现了对新的虚幻、虚拟现实的创造。由于广告自身形态媒介的功利性、时效性和商业性的倾向，使得广告设计最早受到数字化的影响，并且以极快的速度融入了数字化的浪潮当中。

广告的视觉形态由静态平面化向综合动态化发生转变。正因为有了数字化新媒体的存在，使得对广告设计视觉影响的制作技术发生了巨大的变革。在一些新媒体广告当中，对于二维、三维技术的应用使得广告视觉的表现力有了新的突破，其中广告的文字标识同样具备了动态多变的可塑性。目前，媒介动画广告的进一步发展，使符号、抽象的图形图像等一些带有平面味道的设计在荧屏上也得到了充分的发挥。一些大量带有平面设计印象的新媒体广告通过采用电脑动画等新技术来扩大设计中的想象和视觉空间，虚幻、炫目的光影转变，以及运用带有冲击力的镜头效果，为广告设计的形态带来了新的视觉感受。

广告的视觉形态从单一媒体向多种媒体的融合、交互转变。传统的媒体是各自独立的样式，影视的图像、声音在书面媒体上不能够得到展现。但是，数字化发展到今天，多媒体语言也形成了一个新的统一，这就意味着广播、报纸、通信、电影电视以及信息业在网络上的融合统一很可能实现。传统媒体的数字化程度也在加强，杂志、报纸等印刷性质的媒体，尽管从外观看来其仍然是纸质形式，但是其制作的全过程都有数字化的参与。此外，传统电影也在朝着数字化的模式发展，电视业在朝着数字高清和数字压缩卫星电视迈进。因此，在传统媒体经完全数字化后也就变成了新的媒体，这种新媒体不仅将原来的功能发挥得淋漓尽致，还具备了很多特别的新功能，可以实现与其他任何的数字传播发生信息的交换。

3. 广告的表现思维发生的变革

数字化新媒体时代，数字技术的变革使得广告设计的表现思维也同样发生了变革。在广告设计的表现思维中加入一些新的科技元素，并用数字化新媒体的语言重新整合，其所表现出来的状态是创造力与想象力的集中体现。科技的迅速发展使我们在广告设计中的思维表现上有了更多的选择，广告设计的视觉艺术发生了重大变革的同时也在传唤新观念和新思维。数字化时代发生的变革，正在替换和颠覆部分传统的观念，换句话来讲，如今的广告设计对于数字化技术平台的依赖度越来越强。当虚拟的影响已经成为现实，传统那种依据过去来对现在进行展示的方式就显得比较古老，数字技术的先进性使得广告设计师的创意表现形式比较随性，做到了在想象的未来中虚拟现在。

在广告的创作过程中，不论是文字、图片、图像还是声音，都能够通过数字技术进行很好的显现。平时的实际拍摄中无法实现的一些镜头，也可以通过数字技术很轻易地完成。在广告设计中，恰当地运用一些特殊的比较有感染力的数字技术，能够使得用户在短时间内较准确、较省力、较透彻地了解广告内容，并且以其所表现出来的魅力来征服受众、感染受众，以此来加快广告的传播效率，实现广告的最终目的。新媒体广告发展到现在已经与媒介动画难以分割，可以这样说，新媒体广告为媒介动画提供了艺术魅力的施展空间，而媒介动画为新媒体广告的进一步发展注入了新鲜的血液。

（二）数字化新媒体时代广告设计的特点

1.高技术性

在数字化新媒体时代，广告设计借助于高新科技的成果，呈现出多种多样的表现形式，而新媒介正是当下科技发展带来的产物。因此，借助于数字化新媒体，广告从创作设计到发布传播都体现出了一种数字化的科技感。如今，许多图形图像的表现形式无法通过手绘完成，而要借助于一些电脑绘图软件合成制作，即使是用传统的手绘方法创作出来的插图设计，在印刷前也需要借助桌面出版系统加工和输出。

新媒介视觉传达设计的传播媒介涉及的高科技设备目前囊括了电脑硬件、软件、数字视频、数字通信网络、光盘存储器、声频设备等，这些设备在类别、技术、性能和相对快速发展的其他方面，导致了内容和形式在新媒介视觉传达设计中处于多变及不断发展的态势。由于它们始终处于数字技术发展的前沿，因此其集中体现了高技术的特征。

2.互动性

交互性在数字化新媒体的广告设计中是一个独特优势，这种高互动性体现为人机互动、人人互动以及个性定制。互动是新媒介当中特有的沟通方式，信息传播在人机互动中通过新媒介平台来完成，人人互动则是在现代通信以及网络的基础上采用人机互动的方式达成人与人之间的互动，而个性定制则成为数字化新媒体中一个高互动性的最佳体现，充分地满足如今信息社会里人们对设计、对形象的个性化需求。

3.情感性

在数字化新媒体时代，高科技的发展使科学技术成为当今社会的主导因素，这样一来，人的情感等因素往往就被忽略了。有学者曾经提出，在数字化技术逐渐引领潮流的同时，必须运用情感的力量去取得发展中的平衡，也就是说，这是一种高科技与高情感的平衡。这种所谓高情感的平衡，既是人的自然生态与社会生态的平衡，也是生态与心态的平衡。

形态设计的核心不再满足人的共性需求，个人与人性至上将占据人的思想观念，转而演变成当下广告设计的整体设计理念，个人的需求或者某一特定群体的需求，将成为广告设计师主要考虑的关键问题，以前那些比较共性的设计将逐渐被现在越来越个性的设计替代。

随着数字化新媒体时代的来临,过去以物质需求满足为代表的"生存权"将不再是人类面临的主要问题。如今主要需求从"生存权"逐渐向"娱乐权"升华,人们对于娱乐质量的需求将成为生存质量的基准,设计的理念将随着这种变化而转变,为娱乐而设计将代替为物质满足而设计的常规逐渐成为一种潮流趋势。人们如何从疯狂快速的工作运转中抽离出来,如何利用更轻松、更情感化、更人性化的设计语言将成为广告设计的一个未来趋势。

如今,在多媒体集成的信息化环境里,随着视觉传达设计中动画、声音、视频图像的加入,多媒体形式极大地扩展了人们的感受渠道,增强了对于人们情感、心理感受层面的关照。

4. 视觉表现动态化

在数字化新媒体的广告设计中,除了具备传统媒体的广告设计中二维和三维的静态化视觉表现手法之外,四维的动态视觉表现效果目前显然已经成为一个显著特征。如今,在新媒介平面设计中,较常会采纳和继承一些电影中的铺垫、并列、蒙太奇和跳跃性故事线等镜头语言,继而将文字、音频、影像、视频和三维图像等元素融合贯穿在一起。

当下比较流行的网络电子杂志采用了故事情节的形式通过视觉形象将某一个概念生动地表现出来。虽然其在视觉形态上依然沿用纸媒介的排版方式,甚至连翻页的方式也是模仿书页的翻动模式,但在设计中通过配合声音、动画与视频等一些比较丰富的动态元素带给了读者一种全新的视觉感受。

5. 高信息化

21世纪信息化的交流无疑是我们人类赖以生存和发展的基础。以往过去由于受到版面、时段、政策法规以及受众心理等因素的约束,广告信息在传统媒介中通过传播应用往往言简意赅、意犹未尽,如果受众对于某个广告感兴趣,还要借助于其他媒介或者组织,才能纵向上扩展该产品或服务的深度信息,还在无形中增加了受众的信息搜寻成本。由于对传统媒介的传播范围、播放时间都很难掌握,获得的同类信息也就相对比较有限,不易对这些广告信息进行比较,这又给由横向上获得广度信息带来了困难。如今,数字化新媒体时代的出现逐渐改变了这一状况。在互联网网站上,全世界数以亿计的计算机连接成了巨大无比的数据库,广告主提供信息不再有时段和版面之类的限制,可以把公司情况及其广告产品或服务等方面的信息自由地放在公司网站上。由于人们目前的信息观念、时空观念都发生了比较大的转变，因此信息化的传递方式及接受方式将更加普及、更加便捷。

数字化新媒体时代下的广告设计在传播信息的数量、品种、速度上都实现了一定量的突破，为信息传播带来了更多的可能性。

在对信息传播的完整性和表现力上，通过声音、视频以及动态元素等多媒体方式可以较为深入地表现广告信息，充分地调动受众的感官，形成较为深入、全面的认知。

在使用数字化新媒体传播的过程中，广告设计应该做到"有的放矢"，而这些选择包括对于所要设计的信息内容、表现形式以及适合的媒介，应注重前期的调研和后期的反馈，使广告设计真正到达目标受众群。

数字化新媒体恰恰是最能体现也是最能够衡量这种精确程度的新媒体。

（三）新媒体技术给广告视觉传达带来的机遇

1.网络广告增强表现力与表现效果

网络广告就是利用互联网网站上的文本链接、广告横幅与多媒体等方法，在互联网上刊登或发布广告信息，通过网络传递到目标受众群的一种高科技的广告运作方式。

与四大传统媒体（报纸、杂志、电视、广播）广告及近年来备受垂青的户外媒体广告相比，网络广告具有得天独厚的优势，是实施现代营销媒体战略的重要一部分。

网络广告被人们所喜爱是因其兼具图片、图像、文字与声音等多方位功能，比传统广告有更多的表现力与表现效果。

（1）旗帜广告

在互联网时代之初，旗帜广告是在线营销的主要方式之一，它是互联网界最为传统的广告表现形式，其形象特色早已深入人心。然而，如今所使用的旗帜广告，要么是用于品牌识别，要么是用于给网站带来更多的流量，从而带来更多的销售。品牌识别作为全方位的意识活动，公司都将旗帜广告放在特定的站点之中，而现在的旗帜广告也大多以动画形式为主。

最为引人入胜的动态设计是能够创造出自己的风格，使之成为网页上的亮点；相反，如果网页上充满着为数众多的动态设计，每个广告都想引起用户的兴趣。这时候广告设计师最明智的做法是使自己的动态设计图案简单化，动态效果最低化，使受众的眼睛能得到稍微的缓和。旗帜广告通常置于页面顶部，最先映入网络使用者的眼帘，创意绝妙的旗帜广告对于建立并提升客户品牌形象有着不可低估的作用。

（2）富媒体广告

在互联网发展的初期，宽带的原因，网站的内容以文本和少量的低质量的 GIF、JPG 图片为主，我们通常所说的网络广告也主要是指旗帜广告。随着科学技术的进步以及消费市场的成熟，出现了具备动画、声音、图像、文字等多媒体组合的媒介形式，人们普遍把这些媒介形式的组合叫作富媒体，以此技术设计的广告叫作富媒体广告。

通过富媒体横幅广告受众能够玩一些网络小游戏、直接购物以及观赏时段较短的流媒体电影等。无论这些富媒体广告采用怎样的形式表现，它们都具有一个共同点：与其说富媒体广告是广告信息的公告牌，不如说它是一个客户服务中心。作为服务工具的富媒体广告能够为广告主和受众建立起某种个性化的关联，广告设计所能体现出来的表现效果也从过去单纯地强调吸引受众"眼球"和"心理占有率"转而去寻求他们的终身信赖。

（3）电子邮件广告

电子邮件广告可以直接发送，但有时也可以通过搭载发送的方式将用户订阅的新闻邮件、电子刊物和免费软件以及其升级更新等一些其他资料一起附带发送。也有的互联网网站通过注册会员制的形式，大量收集特定的目标受众后，定期将广告资讯连同网站所提供的每日更新信息内容准确快速地传递到该网站注册会员的电子信箱中。电子邮件广告针对性强、费用低廉，广告内容不受限制，其针对性强的特点，可以让企业针对具体某一用户或某一特定用户群发送特定的广告，为其他网上广告方式所不及。这种形式的邮件广告容易被接受，具有直接的宣传效应，当你向新浪网站申请的一个免费信箱成功时，在你的信箱里，除了一封确认信外，还有一封就是新浪自己的电子邮件广告。

2.LED 广告让诉求更精准

在今天这样的媒介社会中，图像逐渐替代了文字，成为一种形象化生存的社会必需品。LED 广告是一种新媒体广告形式，是新媒体技术与户外广告发布形式的完美结合，它同样依靠视觉图像传播信息，通过形象表达吸引受众的购买欲望。在户外广告行业细分市场领域，户外电子屏广告市场、公交车身广告市场及电梯平面广告市场因为受众覆盖面广、广告投放效果好等原因广受关注。广告主针对不同的目标受众群，在不同空间投放合适面积的LED广告，例如分众传媒针对的是读书上班族，而世通华纳、白马公交锁定的目标受众则是经常乘坐公交车的人群。正因如此，广告主找到了适合自己的细分目标人群，从而使广告诉求可以更加精准，使广告的传播效果最大化，这也就使LED广告的视觉传播形态变得丰富多彩。

（1）商务楼宇液晶电视

楼宇液晶电视是一种新型的媒体形态，利用液晶电视机在商业楼宇播放商业广告以及广告快讯等。它一般安置于白领聚集较多并消费水平能力较高的商务办公楼宇以及人流量密度较高的知名商厦的电梯轿厢内或电梯等候厅的按钮上方。大多数采用17英寸的高清晰、多功能、超薄等特征的液晶电视机每天近百次地自动循环播放某些特定的高品位商业广告、各类娱乐信息广告以及社会公益广告等。

受众对楼宇液晶电视广告的排斥性最小。以中国数字化新媒体集团分众传媒为例，在等候电梯相对无聊的时候，由于一些丰富的公益广告内容以及新鲜的各类广告资讯，在这一刻植入受众的眼球，以精美的画面、动听的音乐、优雅的格调排解了等候时的烦躁，充分享受了视觉感受，同时也达到了广告信息传达的效果。

（2）车载移动电视

车载移动电视包括公交车载移动电视、出租车载移动电视以及地铁、火车等交通工具上的移动电视。

3. 手机广告增加了互动性与趣味性

手机广告是通过移动媒体传播的付费信息，旨在通过这些商业信息去影响受众的态度、意图和行为。

手机广告具有更好的互动性、趣味性和可跟踪性，其可以针对分众目标，提供特定区域的直接的以及个性化的广告定向发布，可通过手机短信、彩信、WAP、声讯等多种手机增值服务平台来实现，发布效果可以通过互动的量化跟踪和统计得到评估。目前的手机广告设计多以单纯的互联网广告直接移植的方式为主，不一定能适应手机媒体的显示。这样，无线蓝牙的出现为手机广告开辟了一个新阵地。例如，在上海地铁人群集中的地方，福特汽车广告采用了全新的数字化技术进行品牌宣传和产品推广，用户通过蓝牙接收就可以将本人驾驶福特汽车的照片下载到自己的手机上；在绝对伏特加举办的1879 主题派对中，同样通过蓝牙服务器向所有会员发送手机互动地图及精美广告图片，以增强品牌的记忆性。这样的可参与性设计增强了受众的兴趣和好奇心理，让受众与设计互动起来，大大地增加了手机广告的互动性与趣味性，也使得更多的人关注到品牌自身。

4. 其他新媒体丰富了广告的表现形式

广告主期待更多的技术创新以及更好的广告设计来丰富广告的表现力，以便取得更好的表现效果。在传统观念中，将品牌静态展示的做法已经不能完全满足广告主在新时代的需求，通过数字技术来呈现动态的、与时代相适应的广告设计才是数字化的新媒体广告设计的发展趋势。比如镜面广告播放器，镜面媒体简单来说就是一面能播放广告画面的镜子，能够在不影响镜子使用功能的前提下，以多种模式循环动感地播放广告。所以说它既是镜子，又是广告播放器，在用户照镜子的同时也就是看广告，有着绝佳的广告传播效果。镜面广告分为闪动式的镜面广告（不带红外感应头，显示的广告画面循环切换）以及感应式的镜外广告（当客人接近镜面广告机时，通过红外感应到人体，原来镜子的其中一块区域，立刻播放广告；而当客人离开时，自动恢复为镜面）。它外观简约时尚功能亲和实用，集"高关注""高到达""高记忆""低干扰"等众多优势于一体，具有其他媒体无法比拟的传播优势，都是高端产品广告传播首选媒介。近年来，国内盛景魔石制造商在抢占中低端市场的同时，开始逐渐向高端产品进发，现今已开发第二代镜面广告的产品，可以播放动态视频。

第二节 新媒体广告传播

一、新媒体广告传播的本质

虽然"新媒体广告"的概念界定基本上揭示了其本质内涵，但是定义的概括有助于我们对概念总体的把握，而其特点的逐一揭示，才可帮助我们更深入地、具体地把握概念和运用概念。笔者认为"新媒体广告"主要特点为以下几种。

（一）网络在线的链接性

当离线的电脑屏幕还留有购物网站的页面、楼宇视频与户外 LED 屏在播广告，当手机中的游戏软件中出现植入的品牌，我们应该知道，我们面前出现的虽然也是数字化的商业信息，但它们并不属于新媒体广告，因为它们没有网络连线、没有信息的链接性。

传统广告受到大众媒体空间与时间的限制，广告信息往往是提炼又提炼、精练又精练之后才予以发布的，其信息量必然非常有限。同时，这种广告信息的有限又与强迫性地让泛众化的消费者接触相关，毕竟大多数的广告受众并非特定广告商品的消费者，不期而遇的广告在某种意义上是对他们的时间、空间的无情侵占。于是，传统广告与一般受众的接触，不仅具有强迫性，还具有偷袭性，即以精美的、简短的广告出其不意地偷袭着一般受众的神经。如此，它就决定了传统广告信息提供的简短与有限。

（二）受众导向的互动性

在审视新媒体广告的本质内涵时，我们没有只是简单迎合传统广告单向度的广而告之的意蕴，而是强调了其双向传播的本质。"传播"的英文Communication，其含义有着通信、传达、传递、传染、交通、连通和相连等多重语义，而且这些语义的一个共同点就是双向传播。正因为如此，港台地区的学者翻译为"传通"，但内地的学者因为翻译为"传播"，而不知不觉中暗含了单向性的"传出去""播出去"的意味，以至于双向互动的本质总被打折。在这里，我们则需正本清源，将"传播"的本质回归于"双向互动"，以及"从受众出发"的含义上。由此，为了区别于传统广告，新媒体广告因凸显出传播本质，也就必然显示出"受众导向的互动性"。

（三）品牌信息的聚合性

对应于消费者关于品牌信息的深度需求，新媒体广告主体——广告主或品牌主则自然而然地进行品牌信息的聚合性的传播供给。如果说，在广告主的整合营销传播中，是根据消费者的需求，通过广告、公关、新闻、营销等渠道，统一地发出一个声音。那么，新媒体广告本身就具有多重品牌信息服务的在线链接性，其一方面有着丰富的品牌信息呈多形态、多页面的碎片化体现；另一方面通过链接路径形成品牌信息的统一聚合。

新媒体广告的品牌信息聚合是既包括阶段性的、以营销目标实现为主的整合营销传播所涉及的各类信息，也包括相对稳定、战略性的品牌信息，如品牌历史、品牌实力、品牌理念、品牌信誉、品牌的产品线、品牌动态、品牌服务等，从而使得新媒体广告既具有眼前的广告促销功效，又具有从长远着眼的品牌形象建树的意义。

（四）信息管理的即时性

在认识新媒体广告之时，一定要有一种颠覆传统广告的心理准备，即新媒体不再只是以静态的一种品牌或商品信息作品方式的存在，而是互动的、由消费者可以主动掌控的品牌或商品信息的获得。如此，则可以根据具体受众而不只是泛泛的大众的具体需要，进行相应的信息供给，以满足一个受者的信息需要。个性化的信息供给，不但需要前面所述及的各类深度信息的聚合传播，还需要进行即时的信息沟通管理。

二、新媒体广告传播的基本模式

（一）信息邂逅的广告模式

可以说，整个现代广告就是随着大众传媒的发展而发展的，而基于大众媒体环境下的广告模式则是以"信息邂逅"的提示与告知作为本质的。因为，在大众传媒环境下，广告主对广告受众的媒体接触判断是模糊的，单向度的广告信息发布本身追求的也只是信息邂逅的高概率。即希望目标消费者能高概率地接触本广告信息，或者希望所发表的广告信息能高概率地引发媒体接触者关注。在如此多的媒体选择中，以及每一媒体丰富的时间、空间选择中，追求消费者对广告信息的接触概率显然是最明智的标准。可供选择的媒体信息可以说是无穷大的，无论多么财大气粗的广告主其发布的广告信息也是非常有限的。如此，任一消费者对于具体广告信息的接触则只能是"信息邂逅"的浪漫一遇。

（二）搜索满足的品牌传播模式

随着以网络为代表的新媒体迅速发展，我们需要正视的现实是：传统的大众媒体依然主流性存在，而数字化的新媒体强势崛起势不可当。当我们将关注的目光投向基于新媒体的新广告模式，便可以发现技术的转变已经威胁到广告业对于媒介和受众的控制力。

（三）两种模式融合的新媒体广告传播操作

对于以上两种广告传播模式，我们需要从实际出发，建立互有长短、并行不悖的认识，因为，一方面新媒体强劲崛起，另一方面传统媒体活力依然。这就启发我们，立足于新旧媒体上的两种品牌传播模式虽然在演绎着此消彼长的历史变革，却将长期并存。

三、新媒体广告传播的接受行为

（一）新媒体广告的接受过程——从广告侵入到广告搜索

由"使用满足"理论决定，消费者受众对于广告媒体与信息的接触使用，归根结底是以产品的消费为本质需求的。可以说，没有专门为接触广告而使用广告的受众，只有为消费而使用广告的消费者。如此，就严格意义上的、可识别的广告而言，受众也几乎不可能具有自觉的广告接受观，而只是无奈地接受被强制性广告并对广告产生多为负面感觉的广告观。可是在新媒体广告的视野中，由于新媒体广告呈现形式更多的不是可识别的广告，而是品牌信息。这恰恰对应了消费者的消费需求，由需求驱动的主体意识得以明确的彰显，自觉的新媒体广告接受观这才有望形成。

对此，我们则进一步做如下界分与认识。

1.广告侵入的被接受观

诸多的广告效果调查，其实所获得的只是无意识接受的效果呈现，广告信息侵入消费者总是趁其不备而悄悄注入的。因此，舒德森认为广告对于消费者说服的艰难，恰恰就是在猛攻消费者无意识中，也未见效果，只得转向。而转向的对象即为经销商、投资者，以提高他们的信心，并间接地产生广告效果。但是经销商、投资商，在一定意义上恰是广告主发布广告的同谋者，严格来说不是受众，不是消费者。也就是说，在舒德森的眼中，广告对于消费者的说服效果非常有限。

2.广告搜索的自觉接受观

一个奇怪的现象：当人们在进行其他各种社会活动实践时，通过已经被严格定义为"广告"接收到商品信息，这个时候商品信息与广告信息画上了等号；而若人们在有意识地搜索商品信息，甚至明确为自己的消费来进行商品信息的收集，这时的商品信息已不再被看作广告，哪怕该商品信息背后就是商家有意的设置与提供。

如此，就形成了这么一个基本的事实：受众不屑于对于简单的、直线的、几乎是嘲笑智商的广告信息接受，当然这里是指有意识地接受，而不是潜意识被动地接受。作为消费者的受众，却无一例外地需要自觉地搜索商品信息，其包含亲友间的咨询、商场中的考察、逛街时的比较、电话询问、媒体查阅等。在这个搜索的过程中，消费者呈有意识的主体状态，其搜索的成果能证明他的智慧与能力，他往往会津津乐道，具有一种成功感。这个基本事实，如果概括为一句话，那就是"消费者拒绝广告，但乐于进行商品信息搜索"。

（二）新媒体中的接受行为

新媒体广告作为一种典型的传播，其受众无疑既是新媒体广告传播的出发点，同时又是新媒体广告传播的信息归宿点。因为传播由受众导向所决定，新媒体广告受众的接受行为无疑是一切新媒体广告的出发点与传播过程展开的核心依据。

1. 从"读报"到"读屏"

如果说传统广告是由 19 世纪报纸媒体的诞生而正式成为一个成熟的行业，那么新媒体广告的兴盛无疑则是由互联网的兴起而予以标志的。几乎是在 2010 年前后数年间，人们一报在手的阅读习惯，已经让位"一屏在眼前"的现实，这里的"屏"，可以具体为手机屏、电脑屏、电视屏。

新媒体发展给传媒格局带来剧烈冲击，首当其冲的便是传统报业。一方面，报纸经营成本持续上升；另一方面，读者群迅速萎缩，以广告作为主要支柱的单一盈利模式已面临严峻挑战。虽然社会商业信息传播需求快速增长，但是由于消费趋势的个性化要求，企业营销也朝向个性化、多元化和细分化的方向发展。特别是新的媒体业态出现后，对年轻群体的分流速度惊人，且分流量巨大，传统报业出现滑坡已成不可逆转态势。报纸需要读者，报业广告需要受众，但是随着受众群的"新媒体化"，消费主力人群阅读习惯的"新媒体化"，报纸的广告市场不断萎缩，广告收入大幅下滑。

2. 接受行为的质化导向

"质化"是相对于"量化"而言的，是强调研究者深入社会现象之中，通过亲身体验了解研究对象，并且依据所搜集到的各种资料做出总体判断的思维方法。我们对受众新媒体广告接受行为完全可以进行整体性的认识。

3. 接受行为的量化导向

在社会学家的眼中，任何存在的事物都是可以测量的。因为任何事物均是变化的，变化就有"变量"，而只要变量存在，测量就可以进行。正是基于如此的理念，就有了量化的研究方法，但时至互联网发展已经几十年的今天，量化的研究方法已经不局限于分组实验、抽样调查基础上的数据统计与分析，而是通过数据挖掘来形成更为科学、准确的量化统计分析，这就是所谓的"大数据"。

相对于传统的量化研究只是利用一小部分数据，"大数据"挖掘、利用的则是互联网上以及数据库中大覆盖、大跨度的海量数据信息，其无疑更为科学、准确、富有价值。大数据的利用，是按照实践、理论、技术三个维度展开的。

随着数据仓库、数据安全、数据分析、数据挖掘等技术的不断完善，大数据为企业带来良好的投资回报率，为企业业务贡献商业价值。新媒体广告的表现更为明显，依托海量的数据资源进行挖掘和分析，可在最大程度上帮助广告主进行精准有效的广告投放。

（三）受众的广告接受行为

受众在接触媒介后，就有可能接触到曝光的广告信息，一旦对于接触的广告信息产生兴趣，我们可以认为接下来的一系列行为，如搜索行为、对广告信息的二次传播行为及消费行为等都属于受众对广告接受的表现，即属于受众的广告接受行为。

1. 受众搜索行为

在新媒体环境下，受众接触广告信息后，例如对广告信息有进一步了解的意愿，在受众的主体意识的激发下，受众不再被动等着接收信息，而是会积极主动地去寻找信息。即通过搜索引擎、品牌官网、各种垂直类网站、社会化网站、购物网站搜索等方式，搜索诉求信息。受众除了关注诉求信息本身以外，还看重搜索到的信息的来源。现在的新媒体广告受众的搜索行为并不是一个单一的、结果式行为，它是一个闭合的、过程式行为。

在新媒体环境下，广告受众搜索需求的产生，既可能因为受众存在于消费世界中，本身便存在消费需求，也可能通过接触广告直接刺激产生，这两种情况都产生了最原始的对诉求信息的搜索动力。接下来，受众要围绕诉求信息的不同构造合适的搜索关键词，进入搜索框后进行搜索，然后要对搜索结果页面中成列的众多信息进行筛选，从中确定最后的搜索结果。当然这个过程不一定非常顺利，一次搜索就找到满意的信息，当对最后呈现的结果不满意时，受众就会重新产生搜索需求，重新构造搜索关键词，再进行新一轮搜索行为，直到获得满意的信息为止。

当然实际中的搜索行为可能更为复杂，一个是因为搜索平台越来越趋向多样化；另一个是单个需求中会产生不同阶段不同目的的可能，搜索过程变得更加反复或者循环。受众在搜索平台的选择上并不是唯一的，其常常出于比较的搜索目的或者出于验证的搜索目的，采取多种平台并用的搜索方式。

由于新媒体技术的不断发展，新媒体使用不断深化，也深刻地影响了用户的搜索行为，接下来我们了解一下目前的新媒体广告受众搜索行为的新趋势：第一，搜索的移动化。通过数据，我们可以得知目前手机移动端的搜索行为已经普及，搜索行为的移动化与受众的媒介使用以及移动广告的发展有着密不可分的关系。第二，搜索方式上以文本搜索为主，以语音搜索为辅。除了普通的文本搜索方式以外，语音搜索也慢慢开始被受众接收。虽然由于技术不够成熟，曾一度被人认为是鸡肋，但是从目前的多种应用程序特别是移动终端应用程序大范围支持语音搜索的情况看，它作为辅助文本搜索的搜索方式一定有着存在的必要。我们相信，未来语音搜索的发展空间一定很广阔。

2. 受众的二次传播行为

广告受众的二次传播行为指的是在广告信息的传播过程中，广告客体或者其中一部分广告客体，在接受广告信息之后，会再次向目标受众传播广告信息的行为。所以，广告客体和主体的界限不再那么分明，一个广告可能会经历广告主体传播以及广告客体的二次传播，所获得的广告效果也会是二次传播效果的总和，这是任何一个广告主都希望能引发的受众行为。

广告受众的二次传播行为在新媒体及时性、互动性与分享便捷性等多种优势的支持下，变得更加容易产生。在新媒体环境下，广告受众的二次传播行为具有以下几个特点：第一，无强制性的受众自主行为。新媒体广告受众接受广告后，会有一部分的受众愿意将广告信息分享、转发给别的受众，这就实现了广告信息的二次传播。在这个过程中，新媒体广告主无法干预受众的行为，受众是自主自发免费地参与信息的传播。第二，新媒体广告信息能够引发受众进行二次传播的关键在于广告信息对受众的感染力。伴随着一次传播，广告信息的感染力就已经展现出来，感染力强的信息会立即抓住受众，引发二次传播。那么什么样的广告信息具有感染力呢？有价值的、有意思的、让受众产生兴趣的，甚至能够引发广告受众积极进行互动参与的信息，而这里的互动参与表现在对广告信息本原进行的再创作上。新媒体环境下参与的便利性与低门槛，使得广告受众有了更多二次传播的热情。第三，二次传播一定是在一次传播的内部产生的。进行二次传播的新媒体广告受众一定是来源于一次传播中的广告受众，并且一定不会是全部的受众，而是部分的受众，因为二次传播行为代表着受众对广告的接受，受众接受程度越高，可形成的二次传播效果越好。第四，二次传播引发的效果很有可能呈几何级增长。虽然只有新媒体广告中的一部分会引发二次传播，但是每个新媒体广告都有一部分目标受众，特别是在微博、微信与博客等自媒体平台的盛行下，广告信息借由新媒体广告受众的二次传播后能较为容易地被目标受众捕获。这种多对多的传播方式，使传播面被瞬间打开，呈现出几何级的庞大增长空间。

3. 受众的消费行为

广告受众的消费行为并不单纯只是购买这一简单的行动，完整意义上的消费行为是包括购买前、购买中、购买后各个阶段的过程性行为。广告受众的消费行为并不是一成不变的，在不同的媒介环境中，广告受众的消费行为经历了不同的变化。

四、新媒体的选择

（一）广告传播中新媒体选择的方法

为了减少广告媒体渠道选择中的偏差和失误，必须善于灵活巧妙地运用广告媒体渠道选择的方法。进行媒体渠道选择的方法很多，常用的主要有以下几种：

1. 按产品特性选择

每种产品都有其不同的特性，在广告投放上应结合这些特性进行选择。例如，价格较为便宜的日常消费品，适用受众面广，因此适合投放在综合门户网站；而这些专业性比较强的产品则应该选择一些受众特征较为集中，而且可以进行深度诉求的专业网站。

2. 按消费者特征选择

任何产品都有着其目标消费者，选择广告发布渠道应该充分考虑产品目标消费者的网络接触习惯。例如，女性产品广告应该选择女性喜欢登录的网站投放，同样男性产品广告则更适合投放在男性喜欢登录的网站。

3. 按广告预算选择

广告主媒体预算的多少决定了在广告发布时能选择什么级别的媒体。对于预算充足的广告主，其选择媒体的范围比较大，针对产品的具体情况，像新浪、搜狐和网易等热门网站的首页广告位都可以考虑；而对于预算有限的广告主，就需要精打细算，可以选择一些能够精准到达自己的广告对象，但又并不是特别抢手的广告位。

4. 按广告效果选择

广告效果是一个相当复杂又难以估价的问题，一般来说，广告主在选择媒体时应坚持选择投资少而效果好的广告媒体。例如，在界定清楚目标受众的情况下，某企业在日点击量为 100 万人次的门户网站上做一个月广告，广告主即可将自己的产品信息重复传播给每一个接触该网站的目标受众，比起报纸和传统电视媒体要便宜得多。

（二）广告传播中新媒体选择的原则

正确选择广告媒体渠道，除了依照广告媒体渠道选择的科学方法外，还必须遵循广告媒体渠道选择的基本原则，这是广告策划取得成功的重要因素。归纳起来，广告媒体渠道选择应遵循以下三项原则：

1. 目标原则

所谓目标原则，就是必须使选择的广告媒体同广告目标、广告战略协调一致，不能背离相违，它是现代广告媒体渠道策划的根本原则。消费者群体不同，他们对于广告媒体的态度也必然不同，而只有根据目标对象接触广告媒体的习惯和对媒体的态度来选定媒体，才能符合广告战略的要求，进而顺利达成广告目标，收到良好的广告效果。

就媒体自身而言，任何广告媒体都有其不可替代的优势和难以弥补的弱点。如果广告媒体传播信息的受众并非广告目标所针对的消费者或者潜在消费者，即使广告主投入再多的广告费，广告创意再新奇独特，也不会取得预期的广告效果，最多也只能是收效甚微。

2. 适应性原则

这就是根据情况的不断发展变化，及时调整媒体方案，使所选择的广告媒体与广告运动的其他诸要素保持最佳的适应状态。适应性原则包括两方面的内容。一方面，广告媒体的选择要与广告产品的特性、消费者的特性以及广告信息的特性相适应。例如，消费品多以大众传播媒体为主，工业品大多以促销媒体为主。因此，广告媒体策划必须通盘考虑上述各种因素，确定最适用的传播媒体。另一方面，广告媒体的选择应与外部环境相适应。外部环境是指存在于广告媒体之外的客观原因或事物，如广告管理、广告法规、经济发展、市场竞争、宗教文化以及媒体经营单位等，外部环境是不断发展变化的，媒体方案也要相应做出调整。因此，进行广告媒体策划时，既要站在一定的高度上，综观全局，把握宏观，又要步入现实的市场中，认清各种情况，把握微观，正确处理广告媒体与外部环境影响的关系，力求使两者保持最佳的适应状态。保持了这种最佳状态，就是最理想的媒体选择。

3. 优化原则

所谓优化原则，就是要求选择传播效果最好的广告媒体，或选择最佳的媒体组合。一般来说，应该选择传播速度快、覆盖区域宽、收视（听）率高、连续性强、色彩形象好、便于记忆、信誉高的媒体。

优化原则强调，广告媒体渠道的选择及其组合应该尽可能地寻求到对象多、注意率高的传播媒体及组合方式。然而，就目前的媒体传播技术而言，要想寻找到各个方面都具有优势的某种媒体及其组合是不太可能的。例如，报纸广告的注目率相对低一些，形象效果也相对较差，而电视广告在这些方面取得优势，但从记忆方面分析又不尽如人意，即使是同类同种的传播媒体也是各有长短的。例如，同属于杂志的媒体，由于级别、性质、特点各有区别，因而其优势与不足也就各有不同的具体体现。

由此可见，无论是选择单一媒体，还是进行媒体组合，只能是努力趋优避劣，通过反复认真的比较权衡，两弊相权取其小，两利相衡取其大，从中选定最优化的方案。

五、不同类型新媒体广告的传播

（一）不同类型新媒体广告的传播形态

新媒体广告建立在新媒体的基础上，按理其形态分类也应该对应于新媒体的形态。目前新媒体即使以网络在线的前提来审视，其自身多种多样，至今也没有统一的标准，如常见的门户网站、品牌官网、专业网、电子商务网、网上商店、数字电视、网络电视、手机电视、搜索引擎、网络视频、网络游戏、网络论坛、博客与微博等，但如仔细推敲，便可发现它们并不在同一层次，且多有交叉。如换一思路进行推敲，则又可发现它们实际上是通过宽带网、电视网、通信网的"三网合一"，而在同一网络上形成融合。显然，新媒体广告的分类就无法简单地以新媒体为标准，需另辟蹊径。

1. 品牌形象展示传播广告

犹如奔驰的"驱动人类精神"、杜邦的"化学让生活更美好"、海尔的"真诚到永远"、万科的"建筑赞美生命"的品牌形象广告语在户外路牌上做广告一样。所谓"品牌形象展示"类新媒体广告，即指广告主或品牌主自身所建立的、可向受众提供较全面、完整品牌信息的媒体平台。其主要体现形式即企业的品牌网站。企业网站作为企业的自有媒体，是企业进行对外品牌宣传、信息和产品发布的窗口。其主要功能包括：产品展示，是企业网站的最主要功能，企业网站要向消费者展示企业产品和服务，使得消费者了解企业概况；信息发布，及时更新企业新闻、行业动态，宣传有利的企业形象信息；互动服务，企业利用网络平台开展网络营销，利用信息交流的功能，开展在线交流、意见反馈等。

2. 推荐性旁证传播广告

所谓推荐性旁证传播广告，指的是通过新媒体可以进行相互链接的特点，新媒体广告展开有目的、有重点、有目标的品牌信息推荐服务，从而将相关信息送达有需求的消费者或受众，并且让消费者或受众能在这些来源广泛的信息中获得比较与旁证，从而对广告主的品牌或产品产生信赖与认可。

3. 提示性引导传播广告

在互动的新媒介环境下，各种提示性的产品引导、需求引导的发布类新媒体广告，每每都在吸引着、提示着光顾者，但其又引导着光顾者进行点击，进而导向互动沟通。可以说这样的新媒体广告，既具有传统广告的特点，即在受众所关注的特定空间与时间进行产品或品牌信息的发布，引起注意、记忆及好感，又是网络在线技术予以支持的，其连线的是数字化支持的互动系统，因此其本质便归属于新媒体广告。

4.一对一服务传播广告

由于前面已经强调，互动性乃是新媒体广告的标志性特点之一，如此，任何的新媒体广告最后均将落脚到互动沟通环节。这一环节，又多是一对一的且具有个性化的信息服务性质，但是同时这些信息服务依然属于传播行为，因此它既是营销的一个前奏，又是新媒体广告的一个有机的环节。

（二）跨界融合媒体的传播方式

1.跨界融合媒体出现的背景

在今天的市场上，各种产品的目标受众群已经被逐渐清晰划分，但是，不排除有一些媒体不能够有效区分产品所要的目标群。新媒体广告进行相应的多媒体设计的前提就是需要清晰广告的受众与各种广告环境。如果产品广告总是使用一些老套的方法、媒体，不加任何思考就去依靠电视或其他各种最为常见的传统媒体形式进行传播，会使广告效果缩减及费用被浪费。

在现如今经济环境下，很多媒体设计师已开始寻找多媒体设计突破口，挖掘空间中存在的新媒体，以创造出更多满足产品销售需要的新媒体广告形式。广告行业与媒体世界两者间始终存在着紧密联系，两者在共同传播的基础上获益。在我们身边，广告的多媒体设计有很多成果，新媒体广告投放中常见的表现形式包括交互性投放、精准性投放、实效性投放、便利性投放。

我们常见的这些户外新媒体，在设计中体现出较高的实用性与高效性，在其设计的时候运用了以下几个要点：其一，不像众多的平面广告媒体那样于室内或小范围内传达，它们的幅面较小，而户外新媒体广告十分引人注目，通过墙体等可以展示更多的广告内容，展示更大的广告插图，字体也大。其二，新媒体户外广告具有显著的远处观看效果，即使在远处也不必担心，因为其采用的灯光具有比较好的穿透性，贴合现代社会的快节奏、高效率的需要。其三，广告内容范围广，在公共交通运输、安全福利、商业类的产品、企业旅游、文化教育与艺术等方面，都能够广泛地发挥作用。其四，广告综合多种形式，囊括了丰富的内容，从企业到产品，从经济到文化，从物质到精神，丰富、生动、实用，以此来达到吸引眼球的效果，达到提高媒体播放广告价值的作用。移动新媒体以公共交通车载电视为主，移动新媒体越来越多，是一种非常出色的多种媒体设计运用。例如 PG 投影灯，这种投影灯用了光学投影原理，在夜晚，可以将底片上所要投放的广告投影到建筑表面，无论是高层的建筑，还是低层的建筑表面，都可以灵活地呈现广告。投影所形成的视觉感受在周围环境光线差的情况下，冲击力非常强，这种户外广告在亮度、面积以及成本上，都有其优势。

在信息技术不断发展、媒体资源不断扩展的变化中，新媒体广告之所以在很短的时间内得到了这么多的关注，就是创新的新媒体广告和创新的多媒体设计的自身特点发挥了很关键的作用，为广告的投放提供了相对充分的条件。

新媒体广告的形式多种多样，例如 Dumocalcin 的钙片广告将主干道桥墩设计成骨头形状，其制作成本虽然很高，但从后续的影响来看也值得了。该广告树立了其品牌的良好形象，在世界范围内引起了轰动，永久性地留下了话题。该广告利用的媒体虽然不是网络时代的产物，但是媒体的新颖程度是毋庸置疑的，如此新颖奇特的构想不达成良好的沟通都难。

在整体广告市场中，传统媒体广告的增长逐渐稍显乏力。新媒体广告开始如火如荼地在这种广告大环境中发展，再次举出分众传媒的例子，它是楼宇电视的大赢家，分众传媒曾成功登陆纳斯达克，并巨额融资。中国传媒大学广告主研究所的一项专项报告显示：从新媒体广告日益温热开始，电视、报纸、广播、杂志的广告份额以及年预期获得的广告份额，分别都出现了下降趋势，这在改革开放以来极少或是几乎第一次出现，同时，越来越多的广告主将广告预算转移，他们大多数看好网络广告。几乎有一半被访问广告主认为传统媒体广告投放的地位在企业营销活动中下降。不得不说，传统媒体广告确实已经明显地受到了新媒体广告的冲击。

在新媒体广告日趋发展的背景下，广告主以及广告制作公司面临着一个纷争的、具有强烈竞争的环境。所面临的这个新媒体时代，绝对不同于表象上广告媒体策略与广告运行的传统时代，新兴媒体时代融合分化的矛盾在媒体内部存在。媒介的融合体现为跨媒体、复合媒体、合作媒体，媒体分化则体现在日益强化的新媒体属性、高度发展的某单一媒体的独特优势、媒体市场的定位与竞争等方面。

由于网络等新媒体的兴起而导致广告规则与方法产生巨大变革，这当然也不可避免地影响新媒体广告的运行与传播的变异。由此，在如今的网络时代，在新媒体广告运行的环境中，绝大多数的传统强势企业开始着手并加强借助于新媒体。广告的运行的确取得了比以往更多的机会，任何一个普通的顾客都可以访问广告商的网站，并且可以直接订货，在商家与广告受众之间新的人际定义也正在新媒体广告的发展背景下形成，在新媒体内，网际人际正在广泛受众及其他单一受众之间形成。这些都是新媒体发展而带来的广告新条件与新环境，从而与传统广告实现新的差异，实现全新的运行之路。

2. 跨艺术领域的手绘、雕塑、装置艺术融合传播

当艺术遇到广告时，会碰撞出更大火花的传播方式。艺术中手绘、壁画、雕塑和装置等形式本身就是一种视觉存在和传达，当与广告信息结合后就会给广告传播戴上艺术的光环，增加吸引人和高雅的魅力。传统广告媒体和网络新媒体制作出的是可以无限复制的广告作品，而使用艺术造型方式制作的广告作品，是独一无二的创作。作品原件本身不易复制并充满了手工制作痕迹，因此在某种意义上也可以称为具备广告传播信息的艺术品。当下一些大型企业为了给品牌增值或者提升形象，提升企业的文化艺术的品位，往往采用这种跨艺术界的融合传播方式。消费者对于艺术作品的惯性抵制也会小很多，会从欣赏的角度进入情境，更容易接受作品中富含的广告信息。

3. 跨游戏、软件领域的融合传播

游戏开发和软件都属于 IT 行业，游戏是现在大多数中青年人离不开的一种娱乐方式，尤其是网络游戏基于互联网，属于社交类平台，广告的触角自然就会延伸到这里，但我们研究的不是简单意义上的在游戏中插入广告框，而是深层次植入。当今快速发展的网络游戏产业已具有了鲜明的媒体特征，交互性强，以此款游戏作为广告传播平台，它所拥有的 1300 万个玩家中，就一定会有潜在的汽车消费群体，同样也是跨行业的强强联合，品牌捆绑式传播。

新媒体广告是随时代应运而生的，这一点可以由广告运行环境发展脉络清晰地展示出来。尽管中国在最初的广告起步稍晚，但是在新媒体时代，全球整体广告业都呈现出渐进性的态势发展。在广告理念方面，中国广告业在新媒体时代的发展背景下，结合国情与各种具体的需要，正在探索、创造

属于自己的广告运行之路。

第三节　新媒体广告发展

"人民对美好生活的向往"是我们党的奋斗目标，对于广告行业而言，满足消费者对美好生活的需求，帮助消费者做出正确的决策，则是广告存在的价值所在。技术创新引领下的广告新业态将优化满足需求的方式，使消费者需求得到最大满足。未来，新媒体广告将更加拥抱新技术，以技术为驱动，在坚持真实性的基础上，变得更加智能化、服务化、透明化，形成更加健康的新媒体广告业态。

一、智能化，致力于快速帮助消费者做出决策

伴随着人工智能、大数据与新媒体广告的结合越来越紧密，计算广告或将成为未来广告业运作的常态，人工智能技术将普遍和深度应用于广告业。用户需求能否得到最大化满足，一个重要表现是首条满足率，即能否快速直接帮助用户做出正确选择。例如，用户在搜索珠穆朗玛峰的高度时，搜索引擎能够给予正确答案；但是当用户想知道"这轮牛市我该买进哪只股票"时，显然用户无法得到最佳的答案，而这正是未来新媒体广告努力改善的方向。未来，当用户对准智能设备说出"最佳休闲零食有哪些"时，企业品牌名称能够被首先说出来，为用户提供正确决策。人工智能语音技术，使得人们搜索也变得更加方便。

二、服务化，更高效满足消费者需求

伴随着智能芯片和物联网的快速发展，用户拥有了更多的融合了多种内容要素和信息服务功能的智能设备，如智能手机、智能手表、智能冰箱和智能机器人等。融合化的屏幕构成了用户与用户、用户与设备、设备与设备之间相互交流的基础设施。新媒体广告将针对不同屏幕设置个性化内容，精准、多频次、跨屏无缝切换、到达目标消费者，实现用户需求起点到终点的满足。

现代技术使我们可以更加简单快捷地获取信息，消费者正处于数字化生存中，开启全新的消费旅程。我们可以设想这样的场景：消费者在购物过程中，将更加依赖于这些数字化的智能设备。当消费者走入到商场时，智能

手机中独特的 ID 芯片会将该消费者过去在该商场的消费记录及个人信息同步显示在各柜台电脑中，同时消费者的手机中同样会收到商品的电子优惠券信息。当用户在使用语音搜索功能查询某款产品时，该产品的网络搜索排名及付费广告会展现出来，同时会有用户使用评论，以方便消费者决策。当用户将某款产品放入购物车时，"智能购物车"通过包装上的电子（射频识别）标签识别出此款产品，于是评分最高、销量最多的配套产品信息及同时购买两件产品的优惠券信息出现在消费者的手机上，最后消费者通过智能手机快速一刷完成结账过程。

这些场景，某些已经实现，而某些未来或将实现。未来，新媒体广告将更加方便用户购买商品。

三、透明化，新媒体广告更加健康发展

数据、流量是未来新媒体广告发展的基础。当下还存在一些买粉、买赞、刷评论等扰乱新媒体广告效果评估的数据掺水行为，随着技术的进步，将推动数据透明化，营造一个健康的市场环境。另外，新媒体越来越普及，新媒体用户对新媒体广告态度更加宽容，接受度、可信度逐渐提升。智能化广告时代已经全面到来，未来，新媒体广告表现形式将更加丰富多样，广告从业者应坚持伦理和法律，转变理念和思维方式，拥抱技术发展，最大限度地满足消费者需求。

第六章　新媒体音乐传播与发展

第一节　新媒体音乐传播概述

一、新媒体与音乐

在新技术的推动下，新媒体平台的各类音乐应用加速更迭与发展，新媒体音乐的用户数量不断增长，作品种类更加丰富，基于新媒体平台的新媒体音乐概念也逐渐变得清晰。

（一）关于新媒体

新媒体"New Media"中的"Media"，有人将其翻译为"媒介"，也有人将其翻译为"媒体"，但是在汉语词典中，关于"媒介"和"媒体"的解释是不同的。

"媒介"是指介绍或导致双方发生关系的人或事物。"媒介"多指传播过程中，信息源与信息接受方之间存在的中介。"媒体"一般是指传送信息和接收信息的介质、手段、媒介。比如，依据不同介质，新媒体有"网络媒体""手机媒体""平板电脑""互动电视""车载移动电视""楼宇电视""户外高清视频"等划分。

新媒体是有别于传统媒体的新兴媒体。随着互联网的兴起，如今我们所指的传统媒体主要是包括作为第一媒体的报刊，作为第二媒体的广播，以及作为第三媒体的电视。第四媒体，是指继传统媒体之后，基于互联网的新媒体。根据不同的终端，互联网新媒体还可以划分为"网络新媒体"和"移动新媒体"两大类，即以 PC 机作为终端的网络新媒体和以手机和平板电脑等为终端的移动新媒体。

步入 21 世纪后，基于新媒体平台的各类艺术蓬勃发展。由于新媒体是一个不断变化的概念，既是针对某个参照系来完成的相对性的表述，也是采用网络技术、数字技术和移动通信技术进行信息传递与接收的信息交流平台，其中包括固定终端与移动终端。

新媒体基于互联网进行传播，并且表现出不同于传统媒体的传播特点，其中去中心化与强互动性是其最为主要的特点。有些新媒体也可以称为自媒体，比如个人、团队或企业就可以成为内容的制作者与发布者，无须依托于传统媒体如报社、电台或者电视台等，来进行相关信息内容的生产与传播。

总体来说，新媒体是指基于计算机和互联网的数字化媒体，并显示出其更新速度快、传播便捷、信息量大、便于检索、超文本和互动性强等优势特点。

（二）音乐与新媒体

新媒体不仅为我们提供了新的载体和传播方式，也改变了音乐创作、编辑、制作、发行、传播的模式，深刻地影响着当今音乐产业发展的整体格局，并促成了新的音乐消费方式。人们可以通过互联网查找、下载和聆听自己喜爱的音乐作品，还可以在线互动进行交流和分享音乐。新媒体传输技术的发展给音乐传播带来了巨大影响，并由此促成了新的音乐编辑、传播、管理行为。如今，通过多轮融资和争取上市，创新多元营收模式，为流媒体音乐平台获取更多的发展资金，成为新阶段多数流媒体平台的主要发展方向。鉴于此，新媒体音乐巨头等纷纷加快融资上市的步伐，尝试不同的创新盈利模式，以增强资本实力和谋求新的发展机遇。

二、新媒体音乐与平台

本章所指的"新媒体音乐"是不同于新媒体语境下所产生的新观念艺术，但不特指那些基于新观念与新媒介来进行创作与传播的音乐艺术，主要是指基于新媒体平台进行传播的各类音乐。

（一）理解"新媒体音乐"

本章所指的"新媒体音乐"可以解释为以数字媒体技术和数字信息传播技术作为基础的音乐艺术形态。互联网时代，依托于新媒体进行创作、制作或传播的"新媒体音乐"不仅包括依托新媒体进行创作的电子音乐，也包括以现代思想和审美观念为指导的流行音乐、摇滚乐等通俗音乐，还包括在新媒体平台进行传播的世界各民族音乐和西方经典音乐等不同类型的音乐。

由此，本章所指的广义的"新媒体音乐"是基于数字技术和网络技术，通过"网络媒体"或"移动媒体"等新兴媒体进行创作、传播或者营销的多元风格与表现形式的音乐艺术。

新媒体音乐作为以数字音乐技术、数字媒体技术为基础的音乐艺术形态，具备数字化制作、数字化编辑、数字化传播和可交互性等主要特点。届时，新媒体音乐产品仍将继续借力高新科技进行传播与营销，音乐的数字化技术生成、数字化编辑制作、数字化管理、数字化传播、数字化消费和数字化运营等也将迎来新的发展机遇。

（二）新媒体音乐平台

随着政府与市场对音乐版权的保护与重视，国内互联网音乐平台之间的版权之争愈演愈烈：阿里收购天天动听和虾米音乐，形成阿里音乐体系；腾讯音乐合并 QQ 音乐、酷狗音乐和酷我音乐等，抢先布局版权市场，组成音乐社交娱乐产品矩阵……

新媒体音乐平台的兴衰沉浮，不仅反映出了新媒体平台之间激烈的版权与用户资源之争，也反映出了资本影响下音乐平台的生存状况。

三、从不同媒介视角看音乐传播

新媒体音乐平台有着不同于传统媒体音乐平台的特点，依托于不同的媒介进行音乐传播，传播途径与传播效果也不尽相同。

（一）传统媒体的音乐传播

就传统媒体的报刊音乐编辑与传播而言，报纸编辑出版工作更多的是与音乐活动报道、音乐时评及新歌推介等内容相关，期刊编辑出版工作更多与音乐研究、音乐评论及音乐学术论坛等密切相关。影视音乐编辑与制作则更多地涉及音乐编辑技术、音视频编辑和剪辑、影视配乐等活动。新兴的网络音乐编辑与传播，一方面与音乐数据库建设、数字音乐作品分类和音乐作品推介等相关；另一方面与数字音视频编辑等编辑与传播行为紧密关联。

1. 报刊与音乐传播

报刊曾是音乐传播的重要阵地。音乐编辑在报刊音乐传播中发挥了重要作用，是音乐传播的重要"把关人"。

长期以来，报刊音乐编辑主要是从事与音乐有关的选题策划、文稿编辑、稿件编排等工作，具备"采""写""编""评"等业务素质，掌握音乐通讯、音乐评论、音乐人物特写及音乐广告等音乐类新闻文体，熟悉选题策划、稿件修改、版面编排等编辑工作环节。

虽然报刊音乐编辑不同于记者，但是基于实际工作的需要，多数报刊音乐编辑也身兼记者职务，熟悉采编流程，能够根据报刊版面需求自己采写文章或组织他人撰写文章。人们常说，编辑是"为他人作嫁衣"，然而，在给别人做嫁衣的过程中，审读和修改别人作品的同时，音乐编辑自身的学识与修养也会不断得到提升。由此，也就产生了两种类型的音乐编辑：一种是采编合一的记者学者型音乐编辑，了解音乐赛事和学术动态等，既能够兼任记者职务从事音乐新闻的采写工作，也能够得心应手地编选别人的稿件；另一种则是专职音乐编辑，具备比较好的音乐知识和文化修养，能够对音乐类文稿的质量作出准确判断。虽然自己不写大篇幅的文章，但熟悉版面的编排流程，并且消息灵通，了解音乐学术动态、音乐活动赛事，能够给稿件提出建设性的修改意见。

报纸和期刊的编排周期与内容布局也有所不同。音乐报纸出版周期较短，组稿方式较为灵活，为此报纸音乐编辑则更加注重收集新闻线索、组织编写动态音乐资讯、策划报道音乐活动与赛事。音乐期刊出版周期相对较长，一般为单月刊、双月刊或者季刊。由于音乐期刊有更明晰的读者定位，因此期刊音乐编辑多有音乐专业学习背景，在内容编排上更加注重编选具有专业性的学术文章，同时兼顾学术的前沿性与深度。

报纸和期刊的音乐编辑与传播对音乐理论建设和音乐实践活动发挥了积极的作用，不仅深度有效地报道了各类音乐赛事、社会音乐活动、音乐创作活动和音乐教学实践等，还为音乐学科的理论建设提供了学术交流的平台。

2.广播与音乐传播

音乐在广播节目中占有比较大的比例，充分体现了音乐作为声音艺术在广播节目中的魅力。

在音乐类广播节目中，音乐编辑不仅要参与各类广播节目的配乐工作，还要参与各类专题音乐节目的编辑制作。其中尤其以专题音乐节目的编辑制作最能体现音乐编辑的文化底蕴和音乐修养。

比如，根据不同栏目的定位与需求，广播音乐编辑需要对中国传统音乐、中华民族民间音乐、西方古典音乐、当代流行音乐、世界音乐等不同风格与流派的音乐作品与发展历史有所了解，并且具备较高的艺术品位和分析音乐作品的能力，同时还要能够胜任文案编辑撰写工作，掌握相应的音频编辑剪辑技能。

3. 电视与音乐传播

随着电视走进千万家，其也成为音乐传播的重要媒介。

电视是视听结合的艺术，声音与画面的结合尤为重要。在电视台录制、转播的各类大型晚会、综艺节目与专题报道中，音乐都发挥着至关重要的作用。通过电视媒介，不同类型的音乐作品得以广泛传播，有些音乐作品由此成为家喻户晓的经典。

4. 电影与音乐传播

声音与音乐是电影中不可缺少的重要元素。通常来讲，每部经典的电影都伴随有一首经典的主题音乐，电影中的大量配乐也在电影播放之后，成为众多影迷和乐迷所珍藏的经典音乐佳作。

在电影拍摄的过程中，音乐编辑师的作用非常重要。音乐编辑师要协助制片人、导演、音乐总监和作曲家等来完成声音与音乐的相关设计与制作工作。作为电影音乐编辑师，不仅需要谙熟各类风格的音乐，掌握相关音频编辑与制作技术，还需具备优秀的人际沟通能力。

就技术全面的音乐编辑师而言，不仅要能够针对电影拍摄内容需要创建临时音轨和制作原始配乐段落列表，还要能够协助作曲家使音乐和影片同步，为录音环节准备打点轨道以及在终混中将音乐、对白和音效混合在一起，完成电影声音的最终制作。

（二）基于新媒体的音乐传播

信息技术的每一次刷新，都带来了音乐信息传播的重大变革，以互联网和手机为代表的新媒体对音乐传播造成的影响亦不容忽视。互联网的广泛使用，为用户提供了一个前所未有的开放信息与言论空间，并不断地强化"一人一媒体""所有人向所有人传播""人人拥有麦克风"的新传媒局面。

1. 新媒体时代的用户听乐需求

由于数字音乐具有易创作、易传播、易转存等特点，这也促成了数字音乐行业的迅猛发展，并且涌现了酷我、酷狗、QQ 音乐、网易云音乐等数字音乐平台。伴随网络平台音乐用户数量的快速增长，各平台开始探索以用户需求为导向的内容产业布局。

以用户需求为导向的垂直领域探索，又进一步促成了荔枝、喜马拉雅等网络电台，以及抖音和快手等短视频平台在音乐内容产业方面的布局。基于此，用户的使用需求也悄然发生了变化，不仅仅是通过平台播放音乐，而开始更多参与平台的内容制作与传播。

2. 新媒体平台助力音乐传播

新媒体对中华民族音乐文化的传播发挥了积极的作用。随着自媒体的普及，古典音乐的"乐迷"开始关注并加入自媒体平台，不少古典音乐的表演艺术中心或机构，如国家大剧院、北京音乐厅和上海音乐厅等，均有属于自己的自媒体音乐传播平台。依托于自媒体平台，古典音乐自媒体传播的形式主要有三种：其一，突出音乐文字，原创、摘录或转发其他媒体平台的音乐评论信息；其二，突出音乐素材，以音乐表演、演出视频和音频为主，并且采用较少的文字对音乐作品或表演形式加以评论或注解；其三，音乐结合文字，提供音像素材并结合文字介绍。通常情况下，文字、音频、视频和图片相结合的传播形式，更能获得用户的关注。

与 Web1.0 的单向信息发布模式不同的是，Web2.0 更加注重互动性与用户的参与性，其传播呈现明显的"去中心"化的特点，其对音乐演出的宣传与报道更加注重互动的环节，能够根据用户的需求来进行相关内容的"私人定制"。不论从内容的广度还是从形式的创新等方面来看，古典音乐自媒体传播渐趋多元，利用自媒体音乐传播平台，古典音乐更加便捷地走进我们的日常生活，专业与非专业音乐用户利用"碎片化"的时间，能够唾手可得昔日不易获得的稀缺音乐资源。

从黑胶唱片、音乐磁带再到今天可以便捷聆听的数字音乐，音乐传播与科学技术的联系日益紧密。音乐的数字化发展，为经典音乐与流行音乐的新媒体平台发展提供了更多的可能性和更加便利的条件。

四、新媒体音乐传播的社会需求

新媒体不仅为我们提供了新的载体和传播方式，也改变了音乐创作、编辑、制作、发行、传播的模式，深刻地影响着当今音乐产业发展的整体格局，并促成了新的音乐消费方式。人们可以通过互联网查找、下载和聆听自己喜爱的音乐作品，还可以在线互动进行音乐作品的交流与分享。新媒体传输技术的发展给音乐传播带来了巨大影响，并且由此促成了适应新时代的新媒体平台音乐编辑、传播与管理行为。

（一）音乐艺术与科技的共生发展

音乐艺术的发展离不开科学技术，技术进步为艺术发展提供了丰富多样性。从媒体进化和演变的角度看，新媒体音乐的迅猛发展得益于数字技术和网络技术的不断突破与发展。

通过互联网、移动通信网等各种有线和无线的方式进行传播的数字音乐，数字化的音乐产品制作、数字化的音乐传播和消费模式是其主要的特点。由此，早期的数字音乐也细分为无线音乐和在线音乐两大类别。

数字音乐中的在线音乐是指能够在处于网络连接状态的移动终端或电脑终端进行下载或播放的互联网音乐。一听音乐网曾作为国内最大的在线音乐网站，提供歌曲在线试听与下载，之后，酷狗音乐、酷我音乐、虾米音乐、QQ音乐、网易云音乐等在线音乐网站逐渐崛起，为国内网络音乐用户提供了多种可选的平台，并且各自占据一定市场份额。数字音乐中的无线音乐主要是指无线网络运营商通过无线增值服务在手机终端播放的音乐，又称为移动音乐，通过彩铃等业务，中国无线音乐市场一度风生水起。

（二）互联网时代的"快餐式"音乐

移动互联网时代在线音乐唾手可及，用户轻点手机触摸屏或鼠标，就可以轻而易举和畅所欲为地挑选自己喜爱的在线音乐作品。数字音乐单曲的普及，也造成了当前很少有人会精心挑选一张唱片专辑来细细品味里面的每一首作品的现象，互联网音乐成了网络时代的"快餐式"音乐。

为了迎合市场和适应营销，互联网数字音乐专辑的订购相对灵活。相比实体唱片，互联网数字音乐专辑的价格通常来说也比较低，更加便于用户聆听和分享传播。面对互联网、云计算和大数据快速发展的大潮，互联网数字音乐发展正适应时代之需，充满了勃勃生机。

作为不同于传统媒体的进入通道，二维码和增强现实（Augmented Reality，AR）等技术的运用，是当今媒体经常采用的技术手段，也使得音乐的"快餐文化"成为可能。用户只需拿出移动终端扫一扫二维码图片，就能在移动终端上获取更多的音乐资讯与内容。为此，依托新媒体的音乐传播，不仅可以增强用户的参与度，还可以把平面的内容转为立体的、有声的音乐内容，进一步拓展和丰富传统媒体的音乐表现形式。

音乐与科技的结合变得日益紧密，科学技术正在深刻地影响、改变和拓宽音乐传播的路径。人们开始尝试运用新技术建设平台，探索新媒体音乐应用产品，以此来增强用户的新媒体音乐视听体验，特别是虚拟现实技术的出现，也让新媒体音乐体验更加丰富。运用虚拟现实技术，通过全景成像所形成的立体全沉浸式视觉影像，可以让使用者仿佛置身于某一场景中，感受特定音乐演出场景，以此增强不同于传统视听的音乐体验。虚拟现实技术让音乐传播突破时间和空间的限制，让音乐艺术以更加生动、逼真的形式展现在用户眼前。

新媒体音乐艺术是基于传播媒介、网络技术、数字技术的变革而不断地发展更新的。伴随传播方式的不断创新以及艺术与技术的关系日益紧密，基于互联网，尤其是以移动互联网为主的新媒体音乐创作、编辑、传播和营销也将会迎来新的发展机遇。

五、新媒体音乐传播者的必备素养

新媒体时代的音乐传播者应该学习和掌握多学科知识，提升自身在音乐、媒介、编辑及版权等方面的基本素养。

（一）新媒体音乐传播者的音乐素养

新媒体音乐传播者需要加强学习不同风格的音乐作品，具备较好的音乐素养是前提条件。

从时下主流新媒体音乐平台对不同音乐作品的归类来看，各平台对音乐作品类型的划分基本相似。新媒体音乐平台的音乐类型包括可供用户选择的舞曲、爵士乐、粤语流行乐、民谣、欧美流行乐、国语流行乐、怀旧和经典、另类音乐或独立音乐、电子音乐、古典音乐、摇滚乐、韩语流行及节奏蓝调等。针对中国国内音乐用户的听乐需求，国内主要新媒体音乐应用平台，如 QQ 音乐、酷狗音乐、网易云音乐、虾米音乐等，还通过语种、主题、年代、场景、流派、心情等不同划分方式对海量歌单进行了分类。

基于不同用户的听乐需求，新媒体音乐应用平台所推出的音乐类型与歌单划分愈加趋向精准和细化。这一发展态势也对新媒体音乐传播者的音乐素养提出了更高的要求，提升音乐素养成了不可或缺的内容。

以国内主要音乐应用平台为例子，各音乐应用平台为满足不同用户对不同类型音乐的需求，需要对曲库音乐的歌单进行一定分类编排与推送，其中很重要的一项工作就是给数量众多的音乐作品风格与类型添加标签。为音乐作品添加标签的工作需要具备较好音乐修养的音乐编辑或传播人才的参与，从而对不同类型的音乐作品进行准确的归类、划分和推送。

近年来，各类网络音乐课程与项目得到推广。以网络课程为例，基于用户对互联网音乐教育类课程的需求，互联网平台涌现了一批"网红"音乐教师。然而，互联网平台上众多"网红"音乐教师的水平参差不齐，这就需要互联网平台的传播者对平台传播的音乐内容进行相应的把关与审核，从而确保高品质的音乐内容传播。

（二）新媒体音乐传播者的媒介素养

以移动互联网为代表的网络新媒体是当前最具有广泛影响力的新媒体。网络新媒体的优势在于其便捷性、互动性与即时性，用户可以随时随地在移动终端上获取信息。智能手机和平板电脑等移动终端已成为人们获取信息的重要端口，人们生活的方方面面也与新媒介发展密切关联。就音乐行业而言，数字音乐的快速发展预示了新媒体音乐传播的广阔发展前景。

（三）新媒体音乐传播者的编辑素养

在新技术的驱动下，传统出版正在经历新的变革。新媒体平台的音乐传播者应当结合新技术的变革与发展，以提升自身的技能与素养。

新媒体音乐传播者不仅要了解和具备传统媒体音乐传播的基本职业技能与素养，还要学习和掌握新媒体音乐传播的相关职业技能与素养。对新媒体音乐传播者而言，传统媒体的传播素养必不可少，但是由于新媒体与传统媒体尚存不少差异，因此还需拓宽自身的职业素养。如何从文化特质入手，了解和熟悉新媒体文化属性与特质，这是新媒体音乐传播者需要密切关注和提升的方面。

新媒体平台的音乐传播者应掌握时常更新的新媒体编辑技能。以网络技术为依托，充分地利用"云"音乐资源，新媒体平台的音乐内容传播者可以根据平台、用户和自身目标以及需要来选取、分类、组织、整理、编辑和加工音乐素材。这就要求新媒体平台的音乐内容传播者学习和掌握最新的媒体编辑软件，并将其运用于具体编辑行为中，从而进一步提高业务操作水平和工作效率。

（四）新媒体音乐传播者的版权素养

新媒体平台音乐传播者应该了解和熟悉相关音乐版权保护知识，方能更好地为音乐网站编选音乐内容产品，并且促进音乐作品在新平台的合法有序传播。

在我国，对音乐作品的版权保护日益受到重视，比如，版权规范音乐网站是国家版权局"2015剑网行动"的重中之重。国家版权局就此曾下发通知，要求网络服务商停止未经授权传播音乐作品，并于规定期限内将未经授权传播的音乐作品全部下线。

第二节　自媒体平台音乐的传播

一、关于自媒体音乐平台

对于新媒体时代的用户来说，互联网不仅是信息传播的工具，其本身也是十分具有意义的信息。

（一）自媒体

自媒体通常是指个人或小群体搭建的具有自身风格与特征的媒体。狭义地说，2012年8月23日微信公众平台的正式上线，让中国的自媒体有了真正的立身之所，并且引发了自媒体的大发展。广义地说，BBS、博客、微博、微信、抖音和火山等都属于自媒体平台，这是互联网时代的"个人媒体"。

在自媒体的背景下，人人都可以自由发出不同的声音，表达不同的情感。便捷易操作的互联网使草根用户可以尝试担任主播，还可以自主选择编辑制作音乐、文字、图片与声音等信息，在经过自主加工制作后上传至互联网平台与广大用户分享。互联网的时效性也使得草根用户的作品得以实现跨时空的传播，一方面是内容发布者可以随时随地发布信息；另一方面是接收信息的用户可以即时评价、互动、转发，也就是说，互联网用户之间的信息发布与反馈是及时高效的。

在新媒体时代，有关"内容为王"的呼声不断。在"内容为王"的呼声下，优质内容生产是自媒体平台吸引粉丝用户的关键所在。如果平台缺少可持续输出的优质内容产品，其活跃度将难以维持，容易被那些有创意和内涵的内容产品所取代。

（二）音乐平台

得益于智能手机的普及，新媒体音乐在中国国内得到迅速发展。在国际互联网快速发展的背景下，国内新媒体音乐应用平台，如 QQ 音乐、酷狗音乐、酷我音乐、网易云音乐、百度音乐、多米音乐、虾米音乐、豆瓣 FM、唱吧和全民 K 歌等 App 纷纷登台亮相。

新媒体音乐的快速发展同样也带来了新的问题，各网络平台开始争相收购音乐版权，网络音乐作品版权归属成为新时期各网络音乐平台关注的焦点。随着音乐版权的正规化，仅 2015 年，先后就有酷狗音乐和酷我音乐合并组建新的海洋音乐集团、阿里巴巴在收购了天天动听和虾米音乐后组建了新的阿里音乐、百度音乐和太合音乐集团合并、咪咕音乐和多米音乐开展战略合作……在短短一年里中国这几大数字音乐平台经历了兼并与重组。

随着音乐版权正规化进程的推进，集音乐搜索、音乐试听、音乐下载和音乐社交为一体的网络音乐应用平台仍在积极收购和布局音乐版权。国家版权局和各级文化管理部门也对快速发展的流媒体数字音乐版权和音乐内容管理给予了高度重视，通过逐步强化事中和事后监管制度然后来进一步营造良好的网络音乐环境。在多方的共同努力下，新时期中国网络音乐正在逐步形成发展新格局，开拓更加规范有序的管理与运营之路。

二、自媒体平台的音乐通道

博客、微博、微信、抖音、论坛 /BBS 作为中国用户最熟悉的自媒体，为新媒体音乐内容的传播搭建起便捷通道和推广平台。

自媒体平台既可以点对点，也可以点对面发送信息，具有良好互动和多渠道高速传播的特点。如此低的进入门槛，足以满足无数的乐迷打造属于自己的音乐平台的美好愿望。就技术而言，自媒体平台的"零门槛"标准，为音乐的现代传播铺就了阳光大道。任何组织或个人只要注册成功，就能拥有属于自己的自媒体平台，进行音乐信息的生产与传播。

（一）微博通道

以"微"为特色的微信、微博、陌陌与米聊等微平台，是网络时代的新生自媒体社交平台。在产生时间上，微博早于微信，国内微博的兴起主要源于 2009 年新浪微博平台的创设，新浪微博自诞生以来，吸引了众多用户的关注，一度是中国用户数量最多的自媒体平台。

用户可以通过 PC 端或移动端登录微博账号，并且更新自己的微博内容。在字数方面，每条微博的字数限制为 140 字，可以插入视频地址、单张图片，并添加音乐功能。用户在微博上参与社交，只需要添加"关注"就可以成为对方的"粉丝"，相应的"私信"和"转发"也进一步促进了微博用户的交流互动。

用户通过 PC 端登录新浪微博，可在编辑小窗口上键入文字内容，还可添加表情、图片、视频等，并选择设置信息的发布范围，如公开、好友圈、仅自己可见、群可见等。

用户点击编辑窗口的任务栏，选择"音乐"编辑项目，既可以"选择在线音乐"进行发布，也可以"上传原创作品"进行发布，其中，在线音乐的曲目来自亚洲新歌榜。亚洲新歌榜由阿里音乐、微博、新浪娱乐、优酷土豆联合打造，是旨在体现亚洲新歌流行趋势的音乐榜单。

在移动终端上，微博平台的音乐内容编辑与发布步骤与 PC 端类似。用户通过手机端登录新浪微博，点击界面底端的任务栏"+"，便可以选择文字、照片、视频、音乐等进行添加。其中，照片和视频均可以从手机"相机胶卷"里导出使用，选择"更多"，可以使用微博相机、秒拍、音乐的功能。

用户在新浪微博发布歌曲后，还可以给歌曲打榜。由于微博发送信息的频次不受限制，可以支持二次转发与大规模转发，而且传播对象通常是不确定的众多陌生人，因此传播范围较广，具有大众媒体的性质。

从粉丝数量来看，音乐名家的个人微博影响力大，拥有较多数量的粉丝。微博自媒体的音乐名家"吸粉"能力强，其影响力大。自媒体微博通道让喜爱音乐名人的粉丝多了一个了解和沟通的渠道。通过微博，大 V 加强了与公众的互动，也为自身赢得了更多的关注。从长远来看，微博自媒体的音乐传播有其独特的意义。因此，越来越多的音乐明星利用微博账号为自身做宣传，充分发挥微博自媒体平台的影响力。

（二）微信通道

微信公众号主要分为三类：订阅号、服务号、企业号。订阅号主要是为用户传递资讯，认证前后每天只可以群发一条消息；服务号主要是提供服务查询，认证前后每个月可以群发四条消息；企业号主要用于公司内部通信。

三类账号中,订阅号为最普遍使用的一类。

自媒体微信公众号注册简单便捷。用户在填写个人基本信息进行注册后,即可以登录微信公众号进行公众号的内容创建。用户可以直接通过微信通信录的"公众号"栏目进入,点击位于屏幕右上角的"+",在"搜索公众号"栏里输入想关注的微信公众号名称或关键词进行搜索。用户在选定公众号后,点击"关注",即可添加想要关注的公众号,并获得由此公众号所提供的内容推送服务。

就音乐类公众号而言,目前,微信公众号的创建主体主要包括传统媒体创建的公众号、音乐演出机构创建的公众号、网络公司创建的公众号、唱片公司创建的公众号、音乐企业创建的公众号以及音乐爱好者个人创建的公众号。

相比于传统媒体,微信自媒体在内容创建方面更加活跃,随着自媒体公众账号的快速增长,其运营管理也有所加强。就此,腾讯公司于 2016 年 3 月启动了"芒种计划",进一步打通微信和 QQ 账号体系,通过天天快报、腾讯新闻客户端、微信新闻插件和手机 QQ 新闻插件进行一键分发,以实现微信自媒体内容的更多分享与互动,让好内容能够实现其独特的价值。

依托微信自媒体平台,用户可以免费申请公众账号。通过后台编辑音乐、文字、视频和图片,用户可以群发自主编辑和撰写的内容给订阅该账号的其他用户。便捷的微信自媒体平台为音乐提供了一种新的传播路径。

三、自媒体平台的音乐传播

从传统媒体到新媒体,信息资源从相对集中走向相对发散。尤其是自媒体的兴起,激发了更多用户参与音乐创作与传播的热情,音乐资源与数据的共享更加便捷与自由。

自媒体音乐平台的编辑与传播优势主要体现为编辑与发布平台简单易操作、音乐内容产品可实现多个平台同步编辑与发布、经传播的音乐内容产品可实现即时互动等。据不完全统计,微信公众订阅号已经突破 200 万个。通过微信自媒体渠道进行相关信息的编辑与发布,已成为多数用户推广运营个人或者企业活动与项目的重要渠道。

(一)多平台音乐传播

自媒体发展的初期,用户所创建的内容可以实现多个平台的同步发布与分享传播。

以微信公众号的管理平台为例，用户在微信公众平台上群发所编辑的内容时，勾选"同步群发到腾讯微博"，就可以在微信公众平台和微博上，进行同步发送。

新媒体平台动态图文编辑"神器"H5 有众多素材与模板可供用户下载与使用，经过用户编辑制作的 H5 产品可以同时在微信朋友圈、微信、QQ 空间、QQ、微博、Facebook 与 Twitter 等多平台上进行发布与分享。对于自媒体同一内容的多平台投放，尚无明确的网络条文有相关的规定和管理要求。在"豆瓣"话题广场，有网民提问："自媒体内容是多平台分发，还是只发一个平台好？"就此，有网民互动回复，他认为自媒体一定要多平台分发，特别是在平台允许一个作品同时发布到多个平台的情况下，多平台分发能够增加阅读量和广告收益，增强知名度，还能实现平台"占位"和打造个人品牌。有些自媒体平台甚至还要求新注册用户提供曾在其他平台运营的相关信息，以证明新注册用户具有运营自媒体平台的能力。

自媒体内容的多平台投放也让用户在搜索和使用相关资讯时，有了更多的端口可以进入。以搜索查找国家大剧院创建的新媒体"古典音乐频道"为例。用户若想了解和关注"古典音乐频道"的相关内容，可以通过微博、微信公众号、应用商店及网站等端口进入。通过新浪微博搜索后显示，"国家大剧院古典音乐频道"官方微博有 23 万粉丝；通过微信公众号的搜索，用户也同样能查找到"古典音乐频道"的公众号；通过应用商店搜索，用户可以查找到相关应用平台并且进行下载安装与使用。再以搜索查找北京华录新媒体信息技术有限公司创建的新媒体"听戏"为例。用户想了解和关注"听戏"的相关内容，也可以通过微博、微信公众号、应用商店和网站等端口进入。通过新浪微博搜索，用户可以查找"听戏"官方微博；通过微信公众号搜索，用户能查找到"听戏"的公众号；通过应用商店搜索，用户可以查找到"听戏"的应用平台并进行下载安装与使用；通过网站用户也可以添加关注。

从传播的效果来看，在更便于编辑、发送与传播的微信公众号和微博平台，当用户的参与度和关注度较高时，平台内容的更新频次也比较高。

通过比较分析可见，在音乐内容的新媒体创建与更新方面，网页版的内容更新频次不规律，而且时间间隔较长；微博平台内容的更新频次相对较高，但也并非每日更新；微信公众号的内容更新频次和活跃度最强，用户订阅内容产品的热情也较高。

从传播类型与传播效果来看，音乐网站与微博更加侧重大众传播，是更加开放的信息传播平台。微博自媒体的内容编创与传播不受时间与空间的限制，可以实时更新与传播，粉丝也可以进行转发与评论，从而形成多对多的传播，相比传统媒体更具有优势。

不同于微博，微信公众号更侧重人际传播与群体传播，其传播范围和次数与订阅用户数量有关，或与内容订阅者的朋友圈好友数量有关。时下的微信公众号已经成为空前活跃的自媒体基地平台，是互联网社交媒体的领头羊，企业与个人也通过微信公众平台拓宽了受众范围、提升了影响力。

综上所述，自媒体平台的"魔性"或"病毒式"传播主要具有三个显著特点：第一，基于用户口碑传播，拥有更多的评论和更高的流量；第二，传播数量在较短的时间里有显著的增长，平台点击次数与转化次数快速增加；第三，基于用户的分享，传播内容拥有更加清晰的可见度。基于自媒体平台的传播特点，自媒体音乐传播也比以往更加活跃。

（二）个性化音乐传播

与Web1.0的单向信息发布模式不同的是，Web2.0更加注重互动性与用户的参与性，其传播呈现出明显的"去中心"化的特点，其对音乐演出的宣传与报道也更加注重互动的环节，并能够根据用户的需求进行相关内容的订阅。

从传播方式和手段来看，每个微信公众号都可以看作是一个基于微信公众平台的自媒体，不同于传统媒体中所谓的"沉默的受众"，新媒体用户拥有更多的话语权。从传播机制来看，微信自媒体的传播具有传播手法多样、精准化传播等方面的特点。通过传播图片、文字、音频和视频等内容产品，微信自媒体与用户在送达与互动的环节上呈现出更加精准投放和互动的特点。微信自媒体传播的相对精准性投放，也为经典音乐的传播提供了更加开放的交流平台。

依托自媒体平台，经典音乐的自媒体传播形式主要有三种：其一，突出音乐文字，摘录或者转发其他媒体平台的音乐评论信息；其二，突出音乐素材，较少运用文字对音乐作品进行注解；其三，音乐结合文字，提供音响素材并结合文字介绍。通常情况下，文字、音频、视频和图片相互结合的传播形式，更能获得用户的关注。

个性化订阅服务也增加了新媒体平台用户的使用黏性。以北京音乐厅官方微信为例，当用户进入公众号后，可以阅读推送文章，可以查看演出信息和进行演出购票，还可以通过"领取红包"获得由北京音乐厅赠送的红包，并且将其用于购买电影、演出、赛事的门票。

无论是从内容的推广，还是从形式的创新等方面来看，音乐自媒体传播渐趋多元。利用自媒体音乐传播平台，音乐内容产品得以更加便捷地走进我们的日常生活，用户可以足不出户浏览各类音乐资讯与演出信息，专业与非专业音乐用户能够利用"碎片化"的时间唾手可得昔日不易获得的音乐资源。

四、自媒体平台的创新与创业

通过自媒体平台，人人可以参与实践新媒体平台的内容创业。所谓内容创业，是指以创造具有一定品质的内容为手段的创业方式。在移动自媒体时代，内容创业者通过编辑和推送文字、图片及视频等高质量内容，吸引更多用户关注和增加推文阅读量，这种借力新平台创业的方式已成为不少高校毕业生的创业风口。

（一）大众创业与万众创新

在"大众创业、万众创新"的呼声下，很多即将毕业或者刚毕业的大学生开始探索新媒体平台的创新与创业项目，立志创业的青年学子通过参与自媒体平台的创业来实现创业梦想。这些自媒体平台内容创业者的内容变现主要通过广告、电商、服务等方式来实现。其中，自媒体内容创业者以软广告植入为主，但也不缺乏硬广告。

自媒体平台具有相对简单易操作的特点，这使其成为年轻创业者的探索平台。在自媒体平台，电商主要通过个性化的人格魅力吸引用户关注，继而进行商品售卖。当垂直领域的自媒体逐渐开始增多，讲究专业性的自媒体服务开始成为内容创业者实现变现的渠道之一。

新媒体是音乐创业者和音乐学习者获取和传播信息的重要聚合平台。在自媒体被广泛应用的背景下，如何促进优质音乐内容产品与项目的传播推广是摆在我们面前的重要课题。在线音乐培训课程、钢琴陪练 App 和在线音乐教育 App 等音乐类自媒体项目层出不穷，通过自媒体平台进行音乐创业的年轻人也日益增多。自媒体平台给音乐创业者带来的不仅仅是商业模式和交流模式的新尝试，也让音乐创业者在以较低成本的投入下可以探索新形式的创业经营之道。

然而，任何领域的创新创业都并非易事。由于在线音乐教育平台的创建对硬件和软件均有着较高的要求，因此在线音乐教育平台创建初期也出现了一些项目或产品并没有达到预想中的收益。诸如如何依托现有新媒体平台资源开拓新的产品或项目，O2O 音乐教育应该如何有效开展等问题，仍有待进一步探索。

（二）互联网音乐知识付费

随着中国网络音乐全面正版化，中国音乐市场的生态环境渐趋成熟，国际文化交流也更趋频繁。特别是在网络渠道畅通的时下，中国音乐走出去的步伐在逐渐加快，但总体来说仍然缺乏具有民族特色代表性的中国原创音乐作品，中国音乐要走向世界舞台还应多推送具有民族特色和国际化潜质的经典与原创音乐作品。基于此，我们一方面要保护和传播经典音乐；另一方面要鼓励原创，加强对原创作品的版权保护，鼓励音乐原创和加强版权保护需齐头并进。

就网络音乐内容产业而言，其关键仍然在于如何提高数字音乐内容产品的制作品质，如何减少低俗和粗制滥造作品的供给，以及如何扩大经典和优秀音乐作品的供给，以满足人民群众日益增长的音乐文化需求。

互联网音乐知识付费的本质就在于把音乐知识变成产品或服务，以实现多方的商业价值。强调互联网音乐知识付费是让音乐产品生产者得到其应有的知识生产回报，从而打造良好的数字音乐生态环境。互联网音乐知识付费也能帮助用户高效筛选具有价值的知识产品，让用户为有价值的内容买单。

其他自媒体平台，大多数采用各种专题形式，通过组合不同的图片、文字、音频、视频和语音等来介绍某音乐专辑或音乐家作品，并且在文末附有二维码，可供用户点击进行查阅或进入微店购买音乐作品。自媒体为"大众创业、万众创新"提供了实践的平台。

第三节　媒介融合视域下音乐传播的发展

一、媒介融合传播的现实需求

媒介融合强调不同媒介以及相关要素的结合、汇聚和融合，重视将传统媒体的传播通道与互联网、智能终端等新媒体传播通道相结合，在信息资源共享的合作模式下再通过各自的平台进行传播。

（一）媒介融合的变革发展

媒介融合是一项十分复杂的系统工程，包括体制机制、组织结构、盈利模式等多方因素的发展转型。狭义地说，媒介融合是指不同媒介形态的结合，以及由此而产生的质变，形成新的媒介形态，如博客新闻、微信新闻等。广义地说，媒介融合包括一切媒介形态的结合与融合，以及不同媒介在内容资源、传播手段和组织结构等要素方面的结合与融合，比如广播电台、电视台与新兴媒体的融合建设与发展而形成的网络电台、网络电视台等。

全媒体实验的目标是实现真正的媒体融合。全媒体实验中的种种改革，都需要从媒介融合时代新的市场需求和产业发展规律出发。为此有以下四个关键变革需要认真思考：其一是媒介融合时代的个体变革，在集体竞技中确定个人角色；其二是媒介融合时代的体制变革，在新共同体中实现业务流程再造；其三是媒介融合时代的产品变革，在集中化市场中推进个性化满足；其四是媒介融合时代的媒体角色变革，在新产业链条上谋求新定位。

在媒介融合变革发展的推动下，各行业也开始了媒介融合的探索发展。就广电系统的媒介融合探索发展而言，主要体现为探索传统视听节目采编的融媒体化，以实现"一次生产，多元传播"的复合传播；探索传统视听节目传播的新媒体化，以适应新媒体平台的"微"传播；探索传统视听节目人才能力的转型升级，以适应媒体融合时代对复合型人才的需求。

然而，由于内容同质化、推文质量不稳定、微信公众号持续海量增长等原因，从2018年开始，部分传统媒体的微信公众号粉丝人数有所起伏。虽然微信公众号粉丝人数出现增减，但是并没有减缓全媒体时代传统媒体内容资讯的媒介融合步伐。媒体融合发展的思路正在影响和改变着传统媒体的信息采集、编辑制作与分发机制的前进步伐。

2018年，中国国内主流媒体传播力显著地增强，报纸、广播及电视等传统媒体不断拓宽传播渠道。通过建立新传播矩阵，传统媒体的融合传播力有了显著的提升，进一步提升了自身影响力。

在融合发展过程中，主流媒体通过转变发展思路，进一步加强传统媒体与新媒体用户的交流互动，从而提高用户的关注度和参与度；通过建立传播矩阵，进一步扩大主流价值影响力；通过推动广电直播分离，进一步加快广播电视等传统媒体的转型升级。

（二）媒介融合的发展趋势

跨媒体内容资源共享，这是媒体融合发展的主要特征。这主要体现在：传统媒体加大开放合作，主动拥抱互联网，同步传统媒体与新媒体的内容资源。由此，我们也就看到了越来越多的传统媒体或者是建立自己的互联网传播平台，或是依托现有的互联网平台，在传播平台上共享优质内容资源。与此同时，互联网平台也不断开始探索优质内容自制，新媒体内容自制也实现了互联网平台与传统媒体平台的同步推广传播。

媒介融合为传统媒体开拓了新的传播渠道。如今，大批网络广播电台已慢慢走向成熟，媒介融合发展有效提升了新时期传统媒体发展的新格局。

新媒体的传播优势主要体现为即时性、便捷性、互动性，并且能够承载文字、音频、视频、图片与语音等多元素，较传统媒体显示出更多的发展优势。特别是在自媒体快速发展的今天，媒介融合下的全媒体视听内容传播呈现出人人可参与、参与形式多与传播渠道广等特征，用户参与媒体传播的兴致高，参与形式也愈加多样化。

二、音乐类报纸期刊的融合传播

全媒体时代的媒体融合为音乐传播开辟了新空间。媒体融合使得音乐文化传播得到更加广泛的延伸，更好地满足了广大人民群众对音乐文化生活的需求。

在多数人眼里，曾经的报纸、杂志、电视等是影响受众的重要媒介，但是随着网络的普及，博客、微博、微信等自媒体的兴起，新媒介成了人们获取资讯的重要渠道与途径。媒体的边界变得更加宽泛、媒体的形态变得更加多元、媒体的内容变得更趋特色、媒体的用户也变得更加活跃……在新的媒介环境下，传统媒体人开始思索传统媒体与新媒体的共生发展，以探索新的发展之路。

三、音乐类广播电视节目的融合传播

通过开通自建客户端、微博、微信公众号及聚合新闻平台等渠道，广播电视等传统媒体的节目用户覆盖面有所拓宽。在新媒体渠道，传统媒体与用户之间的即时互动在新媒体平台能够轻松地实现，用户通过扫码关注进行互动，可参与节目有奖竞猜、节目投票、评论留言和摇现金红包等。

（一）广播电视的融合传播力

鉴于新媒体平台的宣传推广成本较低，用户数量较大、内容传播针对性较强等传播优势，广播电视等传统媒体也开始尝试结合新媒体，进行优质内容的推送。通过"两微一端"的内容产品推送，不仅能够加强优质内容的推广，也能够吸引新媒体用户的更多关注。

（二）音乐类选秀节目的台网融合传播

媒介融合发展离不开优质精品内容，强调"内容为王"的广电媒体拥有优质内容的生产与制作团队。通过与新媒体平台的跨屏互动与融合传播，为音乐类广电节目的创新与创意传播提供新的思路。为避免新媒体平台对传统广电已有内容、观众、资源、市场份额的"攻城略地"，台网融合成为发展的大势所趋。在台网融合发展的新环境下，优质内容版权再次成为新产业价值链的核心，在媒体融合的背景下，传统媒体与新媒体的融合正在朝着纵深发展，合作的新模式也渐趋多样化。互联网综艺节目相继推出，不仅拓宽了传统媒体的覆盖面，也丰富了新兴媒体的内容产品。实践证明，台网联动共同打造节目，通过多方渠道影响不同受众，能有效地覆盖主力消费人群和扩大融合传播影响力。

四、互联网自制音乐节目的创新传播

随着传统媒体受众规模有所萎缩，与之相对的网络新媒体受众多为年轻用户，并且用户规模呈增长态势，互联网作为传播媒介的重要性日益凸显。

（一）脱颖而出的网络自制综艺节目

伴随着互联网视听节目日新月异的发展，如何进一步规范网络视听节目的制播，激发更多适合新媒体平台的音乐类视听节目的创新与发展，便是

媒介融合创新发展的重要课题。

2015年是网络自制综艺节目的发展元年，互联网自制综艺节目是指由互联网平台自己策划、选题、拍摄、制作的综艺节目。在国内，以优酷、爱奇艺和腾讯作为主要代表的互联网平台自制综艺节目涵盖真人秀、音乐盛典、综艺节目、名人访谈等不同类型。

互联网自制综艺节目的兴起基于多方的原因。第一，传统电视台能够提供播放的综艺节目的数量和种类十分有限，一些节目制作方开始将注意力转移至独立视频网站。第二，购买传统电视综艺节目的版权费非常昂贵，为减少版权方面的相关支付，各视频网站开始尝试平台合作或内容自制。第三，随着用户对新媒体平台黏性的不断增强，互联网自制综艺节目是尚未被充分开发的"蓝海"，有广阔的发展前景。

早期的网络自制节目并非纯网络团队自制，而是加入了影视制作机构和网络视频制作部门的团队。2015年爱奇艺平台提出了由网络平台自主策划与制作的"纯网综艺"的概念，其后各个平台全网自制网络综艺节目数量逐渐增长，并且出现了《奇葩说》《偶滴歌神呀》《燃烧吧少年》《歌手是谁》等播放量过亿的综艺节目。在此之后，爱奇艺、腾讯视频、优酷、乐视、芒果TV、搜狐等视频网络平台的网络综艺节目数量仍然不断增长，播放量过亿的综艺节目数量也有所增加。

随着互联网平台研发网络综艺节目步伐的加快，腾讯视频、爱奇艺、优酷等网络平台也相继出现多部"爆款"网络自制综艺，如《明日之子》《吐槽大会》《奇葩说》《这！就是街舞》等"头部爆款"综艺节目。其中，音乐类"头部"综艺节目主要有《创造101》《中国新说唱》《明日之子》等。

"头部爆款"综艺节目注重与明星的合作，通过明星的"自带流量"效应来吸引粉丝与用户。结合多种多样的广告形式，"头部"综艺也能够将网络综艺的巨大流量转化为商业价值。"头部"网络综艺播放期间，多呈现出高热度、高讨论的特点，由此不仅播放量高，同名微博话题也在微博上被热搜和传播。

综艺节目的形式曾占据国内各主要卫视平台，在电视媒体中占据重要的收视优势，但随着用户聚焦转至网络平台，综艺节目之间的竞争也转移至新平台。网络平台为网络自制综艺节目的发展提供了更多机遇，也对传统电视综艺节目的收视率产生一定冲击，传统电视的综艺节目市场占有率有所缩小。

（二）网络自制音乐类节目的创新传播

在网络自制的综艺节目中，音乐类节目是最受用户喜爱的节目类型之一。不断推陈出新的网络自制音乐类节目，引入多元化讨论形式和评价标准，依托互联网开创了大众音乐文化网络制作与传播的新渠道。

第七章 新媒体影视传播与发展

第一节 新媒体影视传播的基础

立足于自身优势，提高媒体传播效率，整合相关的媒体资源，一方面适应多元的受众需求，另一方面适应更加现代的技术环境。而结合影视传播与新媒体技术，不仅能实现影视企业的现代、深化发展，还能提升其覆盖面，因此有必要研究影视传播中新媒体理念、技术的应用方式。新媒体影视传播作为现代信息社会的重要组成部分，已经成为人们获取娱乐、信息和文化的主要途径之一。随着互联网和移动技术的迅猛发展，新媒体平台如视频流媒体服务、社交媒体、短视频应用等，已经深刻地改变了传统影视作品的制作、传播和消费方式。这一变化不只丰富了影视传播的渠道和形式，也带来了诸多挑战和机遇，对影视行业的未来发展产生了深远影响。

一、新媒体影视传播的迅速发展扩展了影视作品的传播范围和速度

传统的影视传播主要依赖于电影院、电视台和 DVD 等媒介，其传播范围和观众群体相对有限，而新媒体平台则通过互联网实现了全球化传播，使得影视作品能够在短时间内覆盖全球观众。这种传播方式不仅打破了地域和时间的限制，还使得观众可以随时随地观看影视作品，极大地方便了用户的观看体验。

二、新媒体影视传播改变了影视作品的制作和发布模式

传统影视作品的制作周期长、成本高，需要大量的资金和人力投入。新媒体平台的兴起，使得更多的独立制作人和小型制作公司有机会通过网络发布作品，降低了制作和发布的门槛。尤其是短视频平台的崛起，使得创作者可以使用较低的成本制作出具有创意和吸引力的内容，迅速吸引大量观众。此外，众筹和粉丝经济的模式也为影视作品的制作提供了新的融资渠道，增强了创作者的自主性和创新能力。

三、新媒体影视传播还带来了观众与内容之间互动模式的变化

在传统影视传播中，观众往往处于一个被动接受的地位，缺乏与创作者和其他观众的互动。新媒体平台则提供了丰富的互动功能，如评论、弹幕、点赞、分享等，使得观众可以实时参与讨论、表达观点，甚至直接影响到内容的发展方向。这种互动性不仅增强了观众的参与感和归属感，还为创作者提供了即时的反馈，有助于改进内容、提升质量。

四、新媒体影视传播的快速发展也带来了一系列伦理和法律问题

首先是版权保护的问题。大量的影视作品在网络上传播，容易遭遇盗版和侵权行为。未经授权的转载、下载和传播，不仅仅损害了创作者的合法权益，还可能导致影视产业的恶性竞争，因此，加强版权保护、打击侵权行为，已成为新媒体影视传播中的重要任务。其次是内容监管的问题。新媒体平台上的内容丰富多样，但是也存在低俗、暴力、不良信息泛滥的现象。这些内容不仅对社会风气和观众尤其是青少年的身心健康产生负面影响，还可能引发社会舆论和法律问题。因此，平台应当建立健全内容审核和监管机制，确保传播内容的健康和合法。

五、新媒体影视传播对传统影视产业的冲击也是不容忽视的

随着观众观看习惯的改变，传统电影院和电视台的观众数量逐渐减少，收入也受到一定影响。为了应对这种冲击，传统影视产业需要积极地探索与新媒体平台的融合与合作，通过提供在线点播、付费订阅及互动直播等新形式，吸引观众回流，提升市场竞争力。此外，传统影视制作公司还可以利用新媒体平台进行宣传推广，扩大作品的影响力和市场覆盖面。

六、新媒体影视传播还带来了商业模式的创新

广告收入、会员订阅与付费点播等多元化的商业模式，使得新媒体平台在内容生产和传播中具有更大的灵活性和盈利空间。例如，通过大数据分析和人工智能技术，平台可以实现精准的广告投放和内容推荐，提升广告效益和用户体验。与此同时，会员订阅和付费点播模式不仅仅为平台带来了稳定的收入来源，还促使平台提升内容质量，以吸引和留住用户。

总之，新媒体影视传播在丰富观众娱乐生活、推动影视产业创新发展的同时，也带来了诸多挑战和问题。面对这些挑战时，政府、企业、创作者和观众需要共同努力，以推动新媒体影视传播的健康、有序发展。政府应加强政策引导和法律监管，保护知识产权，规范市场秩序；企业应加强技术创新和内容管理，提高平台服务水平；创作者应坚持创作优质内容，遵守行业规范；观众应提高媒介素养，理性消费内容。通过各方的共同努力，新媒体影视传播将继续发挥其积极作用，为社会文化的发展和进步作出更大的贡献。

第二节　新媒体环境下影视传播的发展路径

新媒体的兴起给影视制作带来更加先进的平台，拓宽了影视传播的空间和维度，为影视制作与传播提供了更多发展的机遇与空间，同时新媒体的迅速发展与普及带来一些不容回避的问题。

一、新媒体环境下影视传播的平台建设

传统媒体对于影视作品的传播存在着一定的局限性，特别是地域上的局限。影视作品只能够在某个特定的时段播放，但这样播放的弊端非常大。因为播放的时段有限，很多影视作品为了争夺黄金时段而抢破了头，最终能够在黄金时段呈现在观众眼前的好作品寥寥无几。很多优秀的影视作品由于在这场争夺的"战役"中失败了，便无法在合适的平台或者是时段播出，这无论是对于创作团队来说还是对于观众来说都是一种损失。

新媒体的出现打破了这种桎梏，让电视电影作品在传播上有了更广阔的空间，不再受地域的限制，当然这也是新媒体本身的特点，能够进行全球化的传播是新媒体的独有优势。传统媒体不仅在时间上有限制，本身在播放资源上，就存在一定的不足，观众的喜好、品位不同，导致无法有充足的资源满足观众的需求。以下几点是需要注意的，在此进行具体的说明。

（一）新媒体的交互性与影视制作与传播

1.新媒体的交互性及其在影视制作与传播中的体现

信息的发布与接受被称作信息的交互。在新媒体时代，由于互联网的开放性和不受限性，使交互性成了新媒体最大的优势之一。与传统的媒体传播不同，新媒体的交互形成了一个"良性循环"，不再是单一的单向传播，

这是其最突出的特征。

交互性建立在"单向传播"的基础上，因此，想要深入地了解什么是交互性，就要先明确"单向传播"的含义是什么。所谓单向传播，顾名思义，就是指在传统媒体环境下，影视作品的传递只能够通过从信息源头发出，到信息接收者结束，无法实现在传播过程中的互动和意见反馈等。

影视作品在这样的传播方式下，无法及时了解接受者的意见，即便是有接受者想要传递意见，也是需要经过很长的时间才能够反馈回来，显然是不利的。没有一个影视作品的创作者不想在作品播出之后，及时地了解大众对于作品的感受，以及第一时间获取大众的评价。这些评价和反馈的时效性是很重要的，如果经历漫长的时间来传递信息，待创作者收到反馈的时候，已经为时晚矣。

这一切的一切，传统媒体做不到的都可以依靠新媒体来实现。在新媒体环境下，由于交互性的增强，改变了原有的"单向性传播"。新媒体的出现，对于影视创作来说，无疑是一个里程碑式的存在，观众能够在互联网的支持下，对影视作品进行评价。即便是该作品刚刚问世，也会因为互联网的存在而传输到每个终端，这样的交互性对于创作者来说是极好的。他们能够以最快的速度了解到公众对作品的反应，并且针对观众的反应与评价进行分析；对于观众来说也非常有趣，他们能够在第一时间对影视作品发表想法，畅所欲言地表达自己的观后感是非常有成就感的。近年来，有一些电视剧正在挑战边拍边播，这是电视剧拍摄的一种新形式。创作者能够在作品播放的过程中了解观众的想法，结合大众的观点，对剧本进行进一步完善。观众的意见是非常珍贵的，也是非常重要的。观众的想法甚至能够对剧情的走向与结局产生重大影响，这对于观众来说是非常好的体验。他们不再只是单纯的旁观者，而是可以参与到影视剧中的创作者，显然这是非常有意义的事情。

在新媒体传播环境下，如果能够实现观众与创作者之间的双向互动，对于影视作品的意义将会是非凡的。改变了传统影视剧创作的单向性，促进了观众与创作之间的交流与沟通，这是一个逐步完善作品的过程，也是一个使接受者与传播者之间实现对等的机会。

因此，在新媒体环境下，关于影视剧创作与传播的过程，不再被看作是"传播者—接收者"这样单一的过程。人们更认可将自己看作是新媒体时代信息传递的参与者，这是新时代赋予观众的权利，也是影视作品能够实现长远发展的重要保障。互动让影视作品的传播更加灵活，观众也有了多样化的选择权，观众的反馈及建议正是督促影视作品质量不断提升的关键所在。

在网络信息技术的支持下，人们对影视剧的信息传递有了更多的平台，如微信、微博、天涯论坛和百度贴吧等，特别是近些年，影视剧的数量暴增，这一类交流平台更是层出不穷。很多艺术创作者很乐意接受大众的批评与建议，并且会根据大众的反馈意见对自己的作品进行进一步的优化。

网络平台属于一个虚拟的空间，与现实世界之间看起来很近，其实非常遥远。由于在虚拟空间中，人们的沟通并不需要使用自己的真实姓名，因此在观点的发表上就有了更多的空间。大众能够自由地发表观点，对影视剧的角色、剧情进行评价，针对影视剧的相关因素提出自己的建议。

虚拟空间的存在，让人们借助信息媒介进行沟通，无所顾忌地发表自己心中所想，畅所欲言，这对于影视剧的未来发展来说是很有帮助的。因为在终端设备前，人们正处于最放松自如的状态，所以发表的评论一定是内心的观点，这些观点往往是十分值得尊重的。

当前，由于新媒体技术的应用，在初期创作阶段，我们将影视作品和观众之间的互动过程称为线上活动。也就是说，影视作品的主创团队是借助网络平台与观众之间建立起沟通的桥梁，能够沟通的内容也非常丰富，其中包括：剧情的主线、人物的特征、演员的性格、场景的设计等。观众能够针对不同的内容提供不同的想法。而影视剧的主创团队根据这些想法，合理地对影视剧进行修改，以确保更受大众的认可与喜爱。所以，一种"随拍随播"的影视剧形式出现了。现阶段，很多美剧、韩剧、日剧等之所以是一周一播，就是因为采用了这种拍摄形式的缘故。不可否认的是，这种播出方式实施以后，效果甚佳，甚至可以说是开辟了影视剧创作的新时代。全民都是影视剧创作的参与者，都能够为影视剧的发展作出贡献。

分析新媒体环境下的影视剧传播，首先要厘清什么是传播？传播的途径是什么？传播理论表明，每个人既可以做信息的接收者，也可以做信息的传播者。影视剧的传播也是如此。影视剧的传播过程中，创作者越来越重视观众的喜好，经常会根据观众的要求进行创作。也就是说，利用新媒体技术，影视剧创作者能够了解到作品本身是否受到观众的期待。如果不能够满足观众的需求，市场无情，该影视剧必然就会受到限制，这对创作者和消费者都是一种损失。

互联网的存在让影视剧的传播变得更加容易，特别是一些话题性强、故事情节吸引人的影视剧。这一类影视剧的广泛传播，使新媒体环境下的影视制作与传播形成了一个良性循环体系。现阶段影视剧运作的过程中，很多都体现着观众与创作者之间的良好互动。

智能时代的到来，让我们的终端设备"越来越小"，小到可以拿在手中观看。平板电脑、智能手机的广泛应用，更是让观众在观看影视剧时不受时空的限制。在观看新剧情的同时，观众还能够对过去的剧情进行回顾。如果一些观众因为客观因素错过了之前的剧情，可以再通过视频网站进行点播，这样就不会在观看新剧情的时候而摸不着头脑。这些都是新媒体带来的优势，传统媒体是无法实现的。

综上所述，在新媒体环境下，影视作品的传播不再受时间和容量的限制，为影视行业的发展带来更多的空间。

2. 利用新媒体交互性强的优势，建立开放的影视制作与传播渠道

伴随着我国人民的物质生活水平不断提升，人们对于精神方面的追求更加多样。他们需要更加丰富、更加高质量的影视作品来满足精神上的需求。随着参与意识的增强，人们已经不能满足被动接受艺术作品。由此可见，建立开放的影视传播渠道是行业发展的关键问题。

新媒体相对于传统媒体的优势在于其传播范围广，互动性强且不受时空的限制。只要有网络，观众就可以利用终端进行信息反馈，也正是因为这些优势为影视制作与传播渠道的开放提供了有利条件。

第一，新媒体不受时空限制，传播范围广泛，优势能够得到充分的发挥，时间的开放性是影视制作与传播的必要条件。影视作品在传统的媒体平台上进行播放，主要有两种渠道：一是电视，二是电影院。除此之外，别无他法。我们可以看到，平台的数量与影视作品的产出量之间悬殊。电影荧幕数量有限，电视台能够播放影视作品的特定时段有明确的限制规定。这就意味着，大量的影视作品没有播出平台，影视作品的播放问题大有千军万马过独木桥之势，而这两种播放平台的问题也有很多。一些优秀的影视作品没有更好的播放平台与资源，尽管足够优秀，却也如石沉大海，杳无音信，而很多优秀

的影视创作人才也就此埋没，这是影视艺术行业的损失。

新媒体出现后，影视制作与播出平台数量得到了大幅度的增加，过去的问题得到了有效解决。专业的视频播放网站的出现为影视创作者带来了发展的契机。影视创作者可以倾心投入艺术创作中，而非专业的影视艺术爱好者可以借助新媒体播放平台进行自主创作。这样开放性的影视创作，让越来越多的人参与到影视行业中，每个人都可以成为创作者，满足自己的创作愿望。大量的影视作品有了专业的视频播放网站进行传播，就不必再担心好的影视作品会被埋没。

另外，观众在对信息接收的时候有了更大的自由。由于不受时间与区域的限制，观众在新媒体环境下，能够对信息进行随意的接收与保存，还能够进行二次传播。在新媒体环境下，实现开放性的影视制作与传播，必然依赖于新媒体技术。

第二，充分发挥新媒体的交互性，使新媒体在选择传播平台与渠道时更科学合理。传统媒体与互联网最大的不同之处就在于传统媒体的信息传递是单向的，而且互联网能够实现双向、多向的互动。特别是一系列终端设备的普及。影视作品的生产者与消费者之间的界限变得不再明显，受众不再受到限制，他们能够和编剧、导演一样参与到影视艺术作品的创作过程中。

例如，很多节目就会选择手机短信投票的方式与观众进行互动，让观众感受到自己也是节目的制作者；充分发挥手机随时收看的优势，打造更开放的传播渠道，为观众和影视作品之间的交流，建立起更自由的空间，从而加深观众对影视作品的印象。

（二）新媒体的参与性与影视制作与传播

1.新媒体的参与性及其在影视制作与传播中的体现

在新媒体影视制作与传播的过程中，任何人都有可能成为影视制作的传播者、受众甚至是创作者，这是新媒体时期下，影视制作与传播最明显的特征。伴随着新媒体技术的不断发展，受众在影视剧创作过程中有了参与权和话语权，制作者与受众之间的区别也就越来越模糊了。在媒体环境下，受众参与到影视制作与传播中，对于影视作品来说意义重大，不仅能够及时对作品进行更新，还能够使受益面大大增加。

传统影视作品的制作并非易事，其中所涉及的步骤复杂且专业，很少有人能够将自己的想法用简单的方式表现出来。在新媒体环境下，影视作品的创作就不会那么复杂了，没有了设备、技术以及专业人员配备的桎梏，制作者仅仅需要一台 DV 和一个剪辑软件，就可以创作出一部新媒体影视作品。新媒体的参与性得到了凸显。

2. 充分利用新媒体平台，吸引人们参与影视的创作和传播

在影视制作与传播过程中，受众的参与对于行业的发展尤为关键，这是影视创作与传播的重点工作，那么，吸引受众参与到影视制作与传播中就是重中之重。只有受众乐于参与、主动参与，影视作品才能牢牢地抓住观众的心。

第一，改变受众的思维方式。一直以来，受众将自己看作是影视内容的接受者，他们并没有意识到自己在影视作品创作中的主动权。想要吸引人们参与到影视创作与传播中，就要改变受众将自己看作被动接受者的思维方式，需要一个平台来实现这一目标。传统的影视作品传播平台都是以提供影视内容为主，为了提高受众的参与度，应该将传统的影视作品的传播平台打造成聚合型媒体平台。聚合型媒体平台与传统平台之间最大的区别就在于，前者能够将平台作为媒介，受众能够在平台上将自己所制作的影视节目进行上传或下载，并且针对影视内容进行互动交流。改变了传统媒介单向的传播形式，真正意义上实现了双向及多向互动。

为了争夺受众的参与度，新媒体的运作模式变得更加年轻化。现在大多数的年轻人，空闲时间基本上都是通过手机或者是电脑获得信息，从而实现与同龄人或者是有着相同爱好的人进行交流互动。青年人成了新媒体的主要受众人群，其年龄范围在 18 ~ 40 岁，互联网方面的年轻化趋势更明显。为了吸引更多的受众参与影视作品的创作和传播，就要充分利用新媒体，跟随社会潮流，抓住青年群体的需求。

（三）新媒体的个性化与影视制作与传播

1. 新媒体的个性化及其在影视制作与传播中的体现

传统媒体传播方式非常单一，只能通过电视或者电影院进行传播，影片内容也更偏向大众化，影片的制作建立在大众喜好的基础上。由于每个受众群体对影片的喜好是不一样的，类型也不尽相同，难免会为影视创作者带来一定的困难。新媒体的出现解决了这一难题，针对人们个性化的需求给予

了满足。制作者可以专注于针对某一受众群体或者某一影片类型进行制作，制作出来的作品无须担心无人观看。因为新媒体环境下，受众借助于互联网平台能够主动地选择自己喜欢的影片类型。

可见，与传统媒体相比，新媒体更加能满足现代人们的个性化需求。这些影视作品运用不同的主体，采用不同的创作风格来制作出不同类型的作品，从而满足不同受众群体的需求。令人惊喜的是，新媒体技术还有定制功能，只要受众群体提出要求，就可以通过"点播""追文""追帖""下载"等方式进行定制，制作者也就能根据他们的要求做出符合他们需求的作品。这一功能的出现不仅满足了受众者的需求，还能够实现双方对接交流，制作者在受众者的评论中获得新的灵感。创作的作品也能根据自己的创意和主题随意切换，完整地表达出作者的中心思想。

2. 充分利用新媒体平台，着力体现影视制作与传播的个性化

由于性别、宗教、年龄段、个人兴趣爱好和受教育程度等各种因素的不同，微视频的受众群体对于微视频的喜好也不尽相同，于是便出现了分众化。所谓分众化指的就是在面对不同受众的不同兴趣时，需要将微视频分门别类。伴随着受众的需求越来越多样化，影视作品为了满足各受众群体的需求，就需要明确自己的微视频的定位，有针对性地根据某一类或者多类受众群体的喜好进行微视频的创作。

在新媒体的环境下，影视作品的传播方式也多种多样，传统影视作品利用电视进行传播，而今网络视频大有取而代之的趋势。手机、电脑、平板等终端设备成为更多人的选择，所以，影视作品在制作时，一方面要注意分众化，另一方面要关注到个性化。影视作品创作阶段，要分析好观众的实际需求，针对观众个人的喜好进行个性化定制，实现影视制作与传播的最佳配合。

"定制化"模式下的影视作品，从根本上来讲就是将原本的"单一化"进行整改，将原本影视作品的无差别投放，转换为针对性投放，面对不同的受众人群，不同的需求，为他们量身打造出不同的影视作品。这就像近些年常见的"DIY"一样，许多商家都有为顾客提供"DIY"服务，"DIY衣服""DIY相册""DIY蛋糕"等。究其根本，这就是制作者根据受众的不同需求为他定制出来的产品。

影视作品的"定制化"是最能够彰显"定制化"意义的领域。如今，5G 的时代即将到来，属于影视作品"定制化"服务的新高峰就在眼前。

二、新媒体环境下影视传播存在的问题

（一）偏离主流文化的倾向

当前，新媒体影视作品中能够被称为精品原创的作品少之又少，大部分还是以自娱自乐为主，从严格的意义上来讲，这些并不能被称为"作品"，仅仅是能够向观众免费提供的视频而已。于是，影视行业开始将票房和收视率看作是好作品的指标，同时也成为行业内部的主要驱动力。实际上，过分地追求票房与收视率其实是影视行业的一个商业化表现，这也是现如今市面上的影视作品出现媚俗化的原因。

为了吸引观众眼球，为了吸引观众点击收看，创作者在影视制作的时候刻意追求刺激，甚至是别出心裁地寻找一些"极端手段"，以求能够提高收视率和票房。影视内容毫无意义，迎合低俗，哗众取宠，甚至还有一些影视作品试图用暴力、色情的片段来吸引观众，与主流的文化创作背道而驰。这样的影视作品借助新媒体之势，在公众之间大肆传播，影响了人们精神生活的质量。特别是青少年，作为新媒体环境下的第一受众人群，观看这些质量粗糙、内容毫无营养的作品难免会产生负面影响。

新媒体时代，商业化的影视作品层出不穷，其中涉及的盈利环节也有很多。就以微电影为例，这种电影的盈利模式与传统电影的盈利模式相比还是很不成熟，所以，如果在这样的模式下，利用收视和"客流量"来实现盈利是很困难的。因此，为了保障利益，很多的微电影在制作过程中，不得不加入一些广告以确保自身利益不会受损。微电影作为新媒体时代下最具有代表性的例子，由于其传播范围广、效率高，制作精细并且投放准确率高的特点，备受广告商的喜爱。于是，这间接导致了很多无法实现盈利的艺术创作者为了追求利益，想方设法讨广告主的欢心，拍摄的影视作品完全是为广告主量身打造。

由此可见，在新媒体环境下，影视剧的投资方与制作方为了尽可能地降低成本，在新作品投入拍摄以前，都会与潜在的广告商进行沟通，希望能够利用"植入广告"的形式，以获取到投资，确保制作成本能够减少，但是，制作方在影视作品的广告植入环节也不是完全随意且刻意的。为了不引起观

众的反感，制作方需要对这些广告进行评估，确保广告能够带来收益的同时，还能让观众乐于接受。为此，制作方绞尽脑汁想办法将"广告植入"做得自然、有趣。毋庸置疑，在一个新兴事物的发展初期，不得不采用商业化的手段进行过渡，所以，当前的网络新媒体盈利模式不够成熟，采用这种"植入广告"的方式也是能够理解的。在未来，一旦成熟的互联网新媒体生态系统形成，影视作品还是应该回归其本质，将更多的精力放在影视作品内容上，注重作品的本质，并以此作为新媒体环境下影视行业发展的助推力。

如果过度依赖广告投放来获取利益，对于影视作品的未来发展来说其实是极度不利的，一旦艺术创作过分地依赖商业利益，那么艺术就变成了为满足商业需求的产物。当艺术创作被冠以"娱乐化""快餐化"并且过度配合广告主时，不但剧本、台词会变得更生硬，故事情节更是与现实生活相背离。但是，现如今市面上已经出现了这一类型的影视作品，挂羊头卖狗肉，最终成型的作品与最初的预告之间天差地别。可见，利欲熏心会令人盲目，如果不能够对于这一类型的影视作品进行监管和严打，新媒体技术带来的就将是负面作用。

不过，值得庆幸的是，这一类缺乏艺术美感，过于追求商业化的影视作品也受到了大众的谴责。伴随着人们生活品位的提升，对于艺术的追求也越来越高。这样毫无艺术价值，并且满是"利益"的作品已经不能够被包容，因此，新媒体影视创作面临的挑战不小。过去的传统媒体在播放前都有着严格的审核，新媒体的出现，给予了影视作品自由的空间。"自由"的存在对于影视行业来说利弊共存，如何将新的影视概念在合规合理的前提下传递给大众是需要仔细斟酌的。

在新媒体时代，艺术创作者与受众在互联网平台这一媒介下实现了无缝对接，这是一个崭新的时代。对于艺术创作者来说，他的出现改变了传统的创作方式；对于受众来说，它改变了我们的观影习惯。借助于新媒体，影视剧中所要传达的思想、价值观，将会以最快的速度渗透到现实社会。由于政府相关文化部门在这一方面的监管还不够完善，再加上个别网站一心只为了自身的利益，所以，当前网络上的视频作品质量参差不齐。

互联网的存在仿佛为我们打造了一个与现实生活平行的世界。这个空间中，一切都是虚拟的，虚拟的环境、虚拟的人，大家不需要透露自己的真实姓名，披着虚拟的外套在网络空间肆无忌惮。于是很多人常常说，"互联网是法外之地"，没有完善的管理体系。互联网中不乏一些影视作品会对青少年的价值观、人生观、社会观产生影响，特别是一些视频中的暴力、血腥、色情的内容，对于并没有明确判断能力的青少年来说有着"致命"的影响。这些"毒药"裹着"糖衣"，正在对身心尚不健全的青少年进行荼毒。

（二）版权保护不力

版权也可以称作"著作权"，是法律赋予原创作者对自己作品的所有权利。对于新媒体技术来说，受众者与制作者之间并没有明确的分界线，他们所制作出来的网络视频、微电影和电视剧等只要是拥有自己的创意，均属于原创作品，都应该受到版权的保护。

新媒体环境下，大部分影视作品会利用网络进行传播，为网络视频带来了巨大的流量。但是，在审核阶段，由于审核力度有限，大量视频网站存在侵权的现象，致使原创作者的利益受到侵害。由于网络空间的虚拟性，再加上监管体系的不完善，想要追查到侵权人是非常困难的。

新媒体创作环境有着非常明显的平民化和非学院派。没有学习过影视制作的人群也可以利用新媒体发布自己的影视作品，这就意味着创作视频在分类上不明确、创作价值也不高，没有借鉴价值，只有"模仿价值"。大多数的影视作品，由于作者只注重点击率、收视率或者下载次数，不关心影视作品的潜在价值，导致许多的影视作品过分随意。另外，法律制度上的不健全，导致新媒体渠道中发布的影视作品能够免费地进行下载和传播，很多别有用心的侵权者，就会将这些作品下载下来另作他用，甚至有一些人盗取别人的作品用于非法用途。由此可见保护影视作品的知识产权工作迫在眉睫。

消极因素的存在势必会对新媒体版权市场造成混乱，对于市场价格体系的形成也会产生一定的影响。影视作品的版权问题一直充斥在作品提供商和服务提供商之间，这在一定程度上影响了影视行业的健康发展。

基于上述一系列的问题，我国的影视版权问题应该得到重视。知识经济时代，对于知识产权的保护应该尽快落实。除了要采取切实的手段对影视作品的版权进行保护以外，还应该从自身做起，拒绝盗版，抵制侵权作品，从而打压版权侵权行为的嚣张气焰，还新媒体影视创作行业一方净土。

（三）我国现阶段新媒体环境下的微电影盈利模式尚不明朗

在新媒体时代，微电影的制作者遇到了一个左右为难的问题，使微电影的制作陷入了困境。创作者想要通过微电影创作实现盈利，就需要广大的观众为其作品买单，但实际上，网络新媒体环境下，人们并不愿意通过付费的方式来观看视频。针对收费问题，我国影视行业也并没有一个明确的标准。

因此，创作者想要通过观众付费的方式来实现盈利，从而保障制作成本不会被白白浪费是很难实现的。为了使观众能够免费地观看影视剧，给大众最好的观影体验，微电影只有在制作和拍摄过程中，采用排"广告"的方式回收成本，这同样也是实现成本资金回笼的唯一方式，但是，不同的制作方对于广告的应用方式是完全不同的。

微电影中的广告就比较擅长用隐晦的方式表达出来，例如，将广告主的品牌收进影片镜头中，为该品牌起到间接宣传的作用，手机广告商、服装品牌或者是饭店常用这种手段。另外，将贴片广告安插于微电影的播放前期或者播放中期也是植入广告的一种办法。将两种办法进行对比，我们能够发现，前者更容易被广大群众接受，因为这种植入广告的方式不会对片子节奏造成影响。广告确实不应该在艺术作品中有过多的呈现，但是行业以及创作者的利益问题也需要进行一定考量。当微电影的制作越来越精良，承载的命题越来越有深度的时候，广告的存在感就会逐渐被削弱了。

在科技发展下，微电影的拍摄势必会成为影视行业的流行趋势。微电影刚刚起步，未来的发展过程面临着千难万险，我们也很难预测微电影这一影视创作类型是昙花一现还是里程碑式的文化产物，只有交给时间去检验，交给大众化去赏析。作为观众，当然还是更希望微电影的路能够越走越远，越走越宽。

（四）影视创作者没认识到新媒体的重要性

技术与艺术的完美结合是对影视艺术作品提出的根本性要求，这也是自影视作品诞生以来，影视艺术创作者一直在强调的事情。我们看到新媒体技术的出现为影视行业带来新的发展契机，但对于传统影视行业来说，新媒体的存在并不意味着要对他们进行替代，而是作为一种补充，对过去影视行业的不足进行弥补。在艺术创作过程中，能够应用到新媒体技术的机会更多一些，以确保艺术特质能够与技术之间进行完美的融合，为影视艺术创作提供支持。需要重点说明的是，这里所说的艺术特质指的是一种深层次的"诗意"，而不是局限于华丽的外表。

我国现阶段的影视艺术创作中，由于新媒体技术的广泛应用，使行业中出现了全新的制作理念与手段。正是这些理念与手段的出现，影视行业为我们打造了前所未有的视听盛宴，这是在传统媒体时代无法想象的。在电影和电视剧中应用新媒体数字技术，能够使影视作品的制作更精良，以制作理念为例，在数字影像与声音上，制作理念有两个不同的方面。一是更现实的影像理念，在这种理念下审美是比较传统化的；二是超现实的影像理念，这种理念下，能够为观众带来"新"和"奇"才是最重要的。超现实理念下，创作者可以天马行空，甚至是打破时空的概念，力求能够带给观众更多新的视听体验。

我国电影在制作的过程中，也在不断吸收这些崭新的技术和理念，希望能够使国产电影有所突破。当然，因为这些技术的广泛应用，在为我国电影行业带来了更多的经济效益的同时，也涌现出了更多优秀的电影作品。

不过，在资料收集的过程中笔者发现，当前从事影视艺术创作的原创制作人并没有意识到新媒体技术对影视创作的重要意义。他们在拍摄影视作品的时候，仍然采用传统的创作方式，还有一些电视台因为自身条件有限，或者是安于现状，不愿意接受新媒体创作所带来的优势。在台里的栏目剧中，创作水平仍然停留在较低的层次。这些电视台不但没有充分利用好自身的资源，而且在艺术追求上没有明确目标，最终所呈现的影视作品，不仅剪辑粗糙，而且很难跟上时代的发展。特别是影视作品的受众人群越来越年轻化，审美眼光越来越独到，电视台如果继续上映这样的电视节目，将会直接导致收视率下降。一旦电视节目的收视率降低，随之而来的负面影响就会越来越多，不但广告收入会大幅度减少，而且由于经费的匮乏，电视台再难制作出合格的电视节目，如此反反复复，形成一个恶性循环。

不能否认的是，当前新媒体影视制作与传播过程中存在很多问题，这些问题影响着新时期影视行业的发展，所以，加强文化产业的管理势在必行。新媒体背景下文化产业的管理主要有两种方式。

1. 文化产业管理落到实处，完善相关法律制度

完善的法律制度能够为一个行业的长远发展保驾护航。针对新媒体环

境下网络作品传播的特点，我国应该及时对于相关法律法规进行完善，构建网络影视作品版权保护制度，修订现有法律，将互联网上的侵权行为落实到具体的法规中。另外，还有明确电影监管部门对新媒体时代电影的管理权，确保政府在文化产业的管理地位。

2. 采取有效手段对网络内部实施有效监督

一方面，可以从正面对影视行业进行引导，将新媒体环境下的影视作品进行科学的分类，从不同种类、不同角度建立影视作品评比激励机制，使影视作品的创作者意识到，在市场大环境下，除了竞争以外，还有更多值得努力获取的东西。另一方面，要建立举报机制，网络的范围是庞大的。在管理过程中，想要完全地依靠专业人员与技术手段，对庞大的网络进行管理是不可能的，所以难免会有漏网之鱼出现。如果能够让广大的人民群众参与到网络环境的监管中来，对媒体环境的长远发展将会起到关键性的作用。广大人民群众作为网络的使用者，及时举报网络媒体中的有害信息，不仅能够有效地维护健康、干净的网络环境，还能够提高群众的责任心。

三、新媒体环境下影视传播的发展路径展望

（一）影视传播平台的未来发展路径

21 世纪，我们已经进入新媒体时代，影视内容产品实现跨平台传播将会成为未来影视行业的主要发展趋势。从当下的影视内容的市场来看，一些当红的真人秀和热播电视剧之所以能够获得如此高的关注度，就是因为它们不仅仅在电视上进行播出。新媒体环境下，影视产品内容实现跨平台传播，一方面是对内容的生产提出了更高的要求，另一方面为影视作品的发展带来崭新的机遇。

1. 从多平台内容传播到跨平台内容生产

伴随着互联网的蓬勃发展，各式各样的传播平台在互联网技术的支持下崭露头角。影视视频的传播与消费不再局限于视频网站，五花八门的社交媒体正在向影视行业进军。

（1）受众地位的改变

受众地位的改变是受到传播生态和互联网一系列因素的影响，随着科学技术的不断发展，如今的传播生态的复杂程度要远远高于任何一个时期。电脑、电视、手机、iPad……这些多样化的传播平台，都有着自己独有的特征，

所以如果想要使传播内容取得最佳效果，就要保证产品特性能够与这些平台的传播特点相符合。终端种类的不断增加，让影视内容进行多平台传播成了不争的事实，媒体在生产内容的时候，要意识到终端数量的增加和对产品内容的消费，不仅仅是在平台上有了更大的空间，更重要的是，在这样的条件下，受众人群已然发生了巨大的改变。如果说在 20 世纪 60 年代，影视作品内容进行了改变，是因为受众从乡村到城市进行了转移，那么在 21 世纪，受众的行为与状态同样会对影视内容颠覆性的改革产生影响。

（2）社交时代下，用户越来越频繁地分享习惯

社交媒体时代下，传播内容的多样性越来越明显，在互联网技术的支撑下，受众的主动性越来越被重视。托夫勒在《第三次浪潮》中，针对当前生产消费者的情况作出了分析，他认为，人的个性结构很大程度上将会受到生产消费者兴起的影响。受众所呈现出的生产消费者特性，在社交媒体时代尤为明显，而且规模越来越大，除此之外，受众的互动特性也相对较强。作为新媒体平台的用户，受众能够在平台中分享自己的生活，发布自己的日常状态。有一些学者认为，用户的这种分享行为是存在 UGC（User Generated Content，用户原创内容）的。当然，也有不同立场的学者针对这一现象保留意见，并始终持有观望态度，他们认为 UGC，实际上是一种参与的幻想，并非实际参与其中，可是不能否认有 UGC 和分享规模已经越来越大了。很多人已经将分享看成了一种习惯，这对内容的跨平台传播提出了更高的要求，相关内容在传播上一定要符合分享使用者的习惯，才能够实现更长远的发展。

（3）粉丝经济的重要性

不能否认的是，在这个流量当道的时代，粉丝经济的作用非常明显，因此，意识到粉丝经济的重要性非常关键。粉丝经济的形成依赖于互联网时代传播渠道的丰富与多元化。传播型媒体的渠道价值渐渐被削弱，而一股神秘的力量越来越明显，这便是粉丝型媒体的力量，简言之，"粉丝经济"。因此，在媒体内容的开发时，也需要为了保障粉丝经济而选择迎合粉丝的多样化需求。例如，一个"星战粉"，他们的爱好不仅局限于电影和漫画中，而且系列的玩具、公仔、主题乐园和网络游戏等都是他们的喜好所在。所以，运作粉丝经济是跨平台内容产品需要考虑的重点内容，维护粉丝，扩大粉丝

群体数量，才能够保证跨平台产品运作的成功。

（4）增强内容生命力，扩大产业拓展机会

影视作品能够实现跨平台的传播，实际上是增加了传播频次，客观上为影视内容的传播带来了崭新的生命力。更重要的是，影视内容的跨平台传播，一方面是为了满足受众的收视需求；另一方面是为了实现进入全产业链的目标。关于这方面的问题其实不难理解，像《黑客帝国》《星球大战》等就是最典型的例子，当红的真人秀节目《奔跑吧》也是如此，这一真人秀节目的出现，受到了广泛的欢迎，从而打开了全新的商业领域。该节目播出以后，不仅在电视屏幕上热播，而且同名电影相继推出，同名手游的用户量也非常多，当然，还包括一系列的周边产品都实现了大卖。由此可见，每件产品的每一次跨平台开发，都是一个新的盈利点，而这一手段，对于当前正在转型到传统媒体来说，正是一个不可错失的机会。

2. 跨平台内容生产的两层内涵

所谓跨平台内容生产，如果从字面上进行理解，可以从两个方面进行分析。一是在利用产品开发的过程中，结合不同的传播平台特点进行开发，也就是说，开发内容是经过多个平台来实现的；二是在那种产品开发的过程中，以不同平台作为物理基础，通过该平台的物理特性，使节目能够实现在不同平台上的内容开发，后者与节目生产链条的碎片化有异曲同工之妙。节目生产链条碎片化，指的是互联网大背景下，将节目的创意、制作，以及包装的环节全部打碎再造，然后在不同地域、不同平台将这些内容进行生产组合。这也是当前跨平台内容传播的一种可能性。

言归正传，我们所讨论的是跨平台内容生产。讲的第一个方面是我们在概念上所采用的内容，也就是说，从多个平台对内容生产进行开发，这一角度也正是受众视角。必须明确的是，想要实现跨平台内容开发，必须在跨平台内容传播的基础上。如果没有内容传播跨平台的事实，那么想要实现跨平台的内容开发是不可能的，这就对影视内容提供商提出了更高的要求。影视内容提供商要确保视频的内容在多个平台的传播上有实际意义，还要注意的一点是，当影视产品实现了跨平台的内容生产，一定要明确内容生产的实际内涵。所以，生产并不是对原有节目进行微小的改造，而是要在原本节目的基础上进行大规模的变动与优化。

从媒体企业发展战略的视角来看，跨平台实际上是一种战略。企业的最终目标是形成企业的品牌，所以会采用跨平台的方式对自己的内容产品进行扩张。这也就意味着实现跨平台的传播实际上是为了形成更丰富的产品集群。所以将原本那种在其他平台进行扩张与改造，才是媒体企业和发展战略的真正目的。

关于这种扩张与改造，在漫画和畅销书的影视节目中表现最为突出。作为影视行业的高手，好莱坞将这一作用发挥到了极致，我们都知道《星球大战》如今的产值已经高达460亿美元，这是一个巨大的商业帝国，但是这个帝国的最初雏形，只是一部名为《星球大战》的电影，而正是从这部电影开始，一个属于星球大战的王国逐渐形成。从电影到书籍再到服装，一系列的跨平台产品内容已经延伸到了各个产业，所以我们能够看到他所创造的奇迹，并不只依赖于屏幕，而是通过合适的手段创造新的盈利点。电影《黑客帝国》也是如此，它的跨平台历程是从电影到漫画书到平台游戏，再到网络游戏，这些跨平台的产品之间都有着连贯性，在不同的媒介平台上，他们展现出不同的魅力，所以才实现了盈利。对于媒体行业来说，跨平台的存在不仅仅是为了内容生产，更是透过多个平台打造全新的行业生态帝国，为行业的发展带来新的可能性。

新媒体技术的发展绝不会仅止步于此，未来随着技术手段的不断进化，新媒体能够带给我们更多的惊喜。影视作品也会变得日益成熟，观众的选择也将越来越多样化，我国想要打造文化强国的目标一定会实现。

（二）影视艺术创作的未来发展方向

1.影视艺术的发展

数字媒体技术在互联网技术的飞速发展下应运而生，而数字媒体技术的出现，对于影视艺术的发展和创作产生了直接的影响。影视艺术的生产方式正在悄悄地发生改变，过去单纯地利用人力物力生产影视的方法逐渐被替代，采用了新型的计算机与数字媒体技术进行创作，是新时期影视艺术所采用的重要手段。不仅如此，数字媒体技术的广泛应用，让影视艺术发生翻天覆地的变化。除了生产方式上的改变，表现手法以及审美视角上都与从前不同。

当前，数字媒体技术在影视艺术发展的全过程中发挥了重要作用。第一，在影视艺术的前期准备和剧本创作阶段，应用数字媒体技术能够大大地提高工作效率，减少了不必要的时间消耗，创作者在准备阶段可以利用计算机技术对分镜头脚本进行设计，采用动画设计为影视作品拍摄营造真实的场景，从而实现对拍摄方案的调整；第二，在影视作品的中期拍摄过程中，数字化媒体技术能够起到连接的作用，它像一座桥梁横跨在摄像机、录像机与电脑之间，可以将影像作品和画面第一时间传送到电脑中，并利用合成技术观看到最终呈现的画面，从而使接下来的拍摄更有目的性；第三，后期影视剪辑与制作阶段，数字媒体的作用得到了最大的发挥，这一部分工作也是数字媒体技术最擅长的部分，采用影像生成、处理和合成等技术，将影片的剪辑与制作程序进行简化，从而使得后期制作的工作效率得到提高，除此之外，在数字媒体技术的支持下，对镜头剪辑和影像色彩画面进行改动，对声音进行处理等工作更是易如反掌。数字媒体技术的应用，为影视艺术的创作带来了更多发挥的空间，从而保障影视艺术的专业性与技术性，为未来影视艺术行业的发展奠定了坚实有力的基础。

2. 数字媒体技术对影视艺术的影响

数字媒体技术的应用对于影视艺术会产生一定的影响，而关于这一方面的分析，主要从两个方面展开讨论。

（1）积极影响

①推动了影视艺术生产方式的变革。数字媒体技术的发展使影视艺术生产方式产生了巨大的变革，影视艺术生产创作的水平与效率得到了提高。传统影视艺术的创作思路与方式受到了颠覆性的改变，为影视创作者的创作提供了更广阔的空间，受众在影视艺术类型上也得到了全新的体验，为影视艺术行业的发展带来了创新。在影视作品创作过程中，应用数字媒体技术，不但能够简化生产流程、方便创作，还能够大幅度地提高生产效率，使影视艺术的创作迈向更高台阶，特别是许多高科技影视设备，在影视行业中的应用，极大地提高了影视画面的美感与质量。同时，数字媒体技术中的合成制作手段，让一些现实生活中无法看到的场景与画面，在影视作品中皆得到呈现。不断带给受众强烈的视觉体验，更是给予了受众心灵上的震撼，使影视艺术的距离与受众之间逐渐缩短。

②推动了影视艺术理论的创新发展。正是因为数字媒体记录的出现，

让人们对于影视艺术理论有了新的思考。在影视艺术创作过程中，关于现实问题一直备受争议，究竟是记录现实还是虚拟现实，是影视艺术理论上的主要争论点。特别是在数字媒体技术应用后，关于这一方面的争议，更是走向了高潮，影视艺术的发展走向也受到争议的影响。传统的影视艺术创作者认为，影视艺术源于现实生活，影视创作的目标就是要对生活原貌进行还原，从而保障影片具有较高的真实性。美学元素的融入则是要建立在真实性的基础上。

数字媒体技术使人们对传统艺术理论有了全新的认知，新媒体视角下看待影视艺术创作是一个全新的局面。虚拟现实走进了大众的视野，影视艺术创作得到了数字媒体技术的支持，所以能够从全新的视角来呈现影视作品。一方面，确保了作品的真实性；另一方面，利用技术手段，打造了虚拟的场景，使观众的多样化需求得到了满足，同时为影视艺术作品的形式带来了多元化发展。

（2）消极影响

①削弱了影视艺术的人文情怀。数字媒体技术的普及在带来一些积极影响的同时，也出现了一系列的负面作用。由于在影视艺术呈现过程中对于数字媒体技术过分依赖，所以很多影视作品中，会用电脑设计的动画形象替代真实演员的表演。尽管从色彩和表现等方面来讲，这些有电脑设计的动画形象同样生动，但是影视艺术的人文情怀却大大地削弱了。甚至，伴随着数字媒体技术的广泛应用，观众在观看影视作品的时候过分在意技术，而忽视了影视作品本身，使数字媒体技术的魅力掩盖了影视艺术作品的光芒。

在数字媒体技术的作用下，尽管有了强烈的视觉效果，但是原本影视艺术的价值和思想性却弱化了。在影视行业多年的发展过程中，我们意识到，一些影视作品能够拥有相当持久的生命力，并一直受到观众喜爱的原因是他们能够激发共鸣，引起人们的深思，并不是在视觉上多么震撼，在技术上多么先进。所谓情感的共鸣，才是影视作品长久生存的唯一法则，而情感共鸣需要人文情怀来带动。一旦数字媒体技术的应用，削弱了影视艺术的人文情怀，那么能够保存下来的影视艺术作品将会越来越少。影视创作者应该意识到，数字媒体技术仅仅是影视艺术的辅助手段，它并不能够完全代替传统的影视艺术，花哨的技术手段虽能令受众一时惊叹，却无法留住观众的心，而能够引起观众心灵上共鸣的，只有艺术作品背后的人文情怀与精神价值。

②弱化了影视艺术的道德价值。不能够否认数字媒体技术的应用，给观众带来了一场视听盛宴，但是关于影视艺术的原本价值追求，也因为数字媒体技术的广泛应用而逐渐变质。艺术作品中出现了大量的娱乐性因素，反而使应是艺术中的道德教育价值变得模糊。甚至还有一些影视艺术作品为了吸引观众的眼球，将暴力和色情化的因素掺杂在作品中进行呈现，不但不利于观众身心健康的发展，更是使得原本属于影视艺术的价值性大大降低。尽管这些低俗的影视内容能够在播出后收获不错的收视率，但是关于影视艺术的道德标准和艺术价值早已荡然无存。影视艺术工作者为了追求利益忽视道德价值，对于影视行业的发展来说是非常遗憾的。另外，数字媒体技术的场景渲染能力非常强，我们不否认他带给了观众十分震撼的观赏体验，但是这一类型场景对于观众的价值观来说有很大的影响，很多时候会使观众的感性超越理性，使观众的价值观变得扭曲，以至于做出不负责任的行为，抱憾终身。在社会主义宣传积极向上的正能量的背景下，对这一系列的问题，不得不给予充分重视。

3. 数字媒体背景下影视艺术的发展策略

将艺术色彩和美学融入影视艺术中，将人文情怀融入影视艺术中和将文学价值融入影视艺术中是新媒体技术背景下影视艺术发展的主要策略。

（1）将艺术色彩和美学融入影视艺术中

数字媒体技术手段是推动影视艺术发展的原动力。在影视艺术发展过程中将艺术色彩和美学与其进行融合，对于提高影视艺术的观赏性有着十分重要的作用。在现实生活中不存在的场景，或者是作者构想的场景都可以利用数字媒体技术呈现出来。另外，还可以使真实的生活场景虚拟化，真真假假的场景在影视艺术中不断切换，很大程度上弥补了传统影视中的问题。

数字媒体技术让影视艺术的表现形式更加灵活，使影视作品在表现上有了更加广阔的空间，让作品的艺术性与技术性进行融合，使观众能够在影视作品中找到属于自己的归属感。数字媒体技术的应用过程中，要注重对美学因素的挖掘，实现艺术性的表达，让观众在观看作品的同时感受到愉悦。

（2）将人文情怀融入影视艺术中

在数字媒体技术的应用过程中，传统影视艺术的人文情怀不能丢失。

我们借助高科技手段为人文精神进行服务，是要提高文化价值，而不是为了替代原本的传统文化，没有人文价值的作品，就像是没有灵魂的空壳，无法实现长久的生存。在时代浪潮的冲刷下，这一类型作品终将会被淘汰。因此，即使在当前的影视艺术中，广泛应用数字媒体技术的前提下，仍然需坚持以人为本的原则，实现人文精神与数字媒体技术的高度融合，打造积极向上，具有社会正能量的影视艺术作品。数字媒体技术在新时代的背景下已经是大势所趋，所以，人文情怀与影视艺术作品的融合问题亟待解决。影视艺术一方面要实现技术上的变革，另一方面要对人文价值进行充分的挖掘。影视艺术制作者也更要意识到数字化与人文精神之间，实现高度融合的重要性，切不可将艺术价值看作数字化技术的附属品。想实现影视作品的长远发展，数字化技术与艺术价值的追求都不能放弃。

（3）将文学价值融入影视艺术

影视艺术作品想要万古长青，就必须在作品当中融入文化价值，引起观众情感上的共鸣，拉近与观众之间的距离。普通观众在欣赏影视艺术作品的时候，他们将更多的关注点都放在了故事情节与作品的感染力上，并不会过多地纠结在拍摄过程中采用了怎样的拍摄手段，所以影视艺术作品在运用数字媒体技术的时候，要将艺术表现形式作为切入点，着重刻画表演者的情绪状态。运用镜头特写等手段，使观众的情绪随着剧情的层层递进而变化，从而使观众参与到作品中来。影视作品的呈现，一方面要带给观众视觉上的冲击、感官上的体验，而另一方面要引发观众的思考，使观众意识到作品背后的价值，从而提高对作品精神层面的理解。要善于利用数字媒体技术对影视艺术作品的辅助作用，运用得当会使影视作品的张力得到明显提升，所营造出的角色性格特点更加鲜活，突出作品主题思想，推动影视艺术走向更高的台阶。

在新时期背景下，影视艺术正在向着更高的层次迈进。由于数字媒体技术对影视艺术产生了重要的影响，我们在应用数字媒体技术的同时，更需要重视作品中的人文价值和美学色彩等艺术的感染力，将技术与艺术进行有机结合，为影视艺术的发展开辟新天地。

参考文献

［1］张斌.新媒体影视创作［M］.北京：中国传媒大学出版社，2023.

［2］徐立力.新媒体艺术研究［M］.北京：中国商业出版社，2023.

［3］徐岚，张京蒲；盛宗玲.新媒体营销［M］.广州：广东高等教育出版社，2023.

［4］杨逐原.新媒体舆论学［M］.武汉：武汉大学出版社，2022.

［5］重庆广播电视大学垫江分校.新媒体运营导论［M］.昆明：云南大学出版社，2022.

［6］宫承波.新媒体概论第 10 版［M］.北京：中国广播电视出版社，2022.

［7］陈瑛，周玲玲.玩转新媒体［M］.上海：上海交通大学出版社，2022.

［8］郭义祥，李寒佳.新媒体营销［M］.北京：北京理工大学出版社，2022.

［9］卢星辰，伍戈，孟杨.新媒体营销与运营［M］.石家庄：河北科学技术出版社，2022.

［10］孙天慧.新媒体营销实务［M］.武汉：武汉大学出版社，2022.

［11］马晓翔.新媒体艺术史［M］.南京：南京东南大学出版社，2022.

［12］周展锋，兰海洋；雷艳佳，覃思源，关佳丽，雷倩倩，李林，王筱祺，李卉灵，包丁云，段宜衫，韩云广，何铭峰，何宗瑾.新媒体写作与传播［M］.成都：四川教育出版社，2022.

［13］颜小玉，方贵仁，杨怡文.新媒体运营［M］.哈尔滨：哈尔滨工业大学出版社，2022.

［14］郑昱.新媒体与行为决策［M］.广州：中山大学出版社，2022.

［15］李玉清，魏振锋，孟雯雯；朱幼恩，郭知涛，李义群，余再东，施顺杰，高云峰.新媒体运营［M］.北京：航空工业出版社，2022.

［16］杨越.新媒体写作与编辑技巧［M］.吉林：吉林出版集团股份有限

公司，2023.

［17］蔡日祥.新媒体插画设计制作［M］.成都：四川大学出版社，2023.

［18］王钰超，朱兰，吴迪.新媒体动画创新研究［M］.长春：吉林科学技术
出版社，2023.

［19］王凌洪，张定方.新媒体营销［M］.北京：中国商业出版社，2021.

［20］宫承波.新媒体概论第9版［M］.北京：中国广播电视出版社，2021.

［21］李修远，张毅，吕灵凤；牛伟华，刘亚奇，王波.新媒体概论［M］.
哈尔滨：哈尔滨工程大学出版社，2021.

［22］施华，姚丽.新媒体概论施华［M］.西安：西安交通大学出版社，
2021.

［23］赵敏，刘庆，陈珊珊.新媒体编辑［M］.北京：航空工业出版社，
2021.

［24］丁冬.新媒体运营［M］.北京：航空工业出版社，2021.

［25］杨海军.新媒体广告教程［M］.上海：复旦大学出版社，2021.

［26］林刚.新媒体概论第2版［M］.北京：中国传媒大学出版社，2021.

［27］张雷洪，王文举.新媒体技术概论［M］.北京：文化发展出版社，2021.

［28］安欣作.新媒体表演艺术［M］.杭州：浙江摄影出版社，2021.

［29］彭丞.新媒体营销［M］.重庆：重庆大学出版社，2021.

［30］吴炜华.新媒体传播导论［M］.北京：中国传媒大学出版社，2021.